植民地教育史研究会のこれから

植民地教育史研究年報◉2007年………**10**

日本植民地教育史研究会

皓星社

植民地教育史研究会のこれから

2007　植民地教育史研究年報　第10号　目次

はじめに ………………………………………… 年報第10号編集委員会　3

Ｉ．シンポジウム
国定教科書と植民地教科書比較研究の魅力と困難

国定教科書と植民地教科書　比較研究の魅力と困難
　　——教科書の政治・社会・文化—— ………………………… 渡部宗助　6
植民地教育史・教科書研究（理科）の目標と視点 ……………… 岩﨑敬道　13
台湾総督府出版公学校唱歌教科書の研究視点
　　——編纂過程と内容の分析を中心に ……………………… 劉　麟　玉　19
シンポジウムを振り返って ………………………………………… 田中　寛　31

Ⅱ．研究論文
1937年以降における台湾人初学年生使用の国語教科書について … 陳　虹　彣　38

Ⅲ．研究資料
在日コリアン一世の学校経験——李仁夏氏の場合—— …… 李省展・佐藤由美　58

Ⅳ．旅の記録
台湾の奉安殿を訪ねて ……………………………………………… 白柳弘幸　76
英国ロンドン大学SOAS図書館所蔵の日本語稀少文献
　　——戦時期（1930-1945）に刊行された文献の調査から ……… 田中　寛　83

Ⅴ．書評
李省展著『アメリカ人宣教師と朝鮮の近代
　　——ミッションスクールの生成と植民地下の葛藤』 ………… 駒込　武　94

Ⅵ．気になるコトバ
戦争の名称 …………………………………………………………… 桜井　隆　102

Ⅶ．彙報 ……………………………………………………………… 佐野通夫　108

Ⅷ. 日本植民地教育史研究会10年の足跡
　日本植民地教育史研究会　10年の略年譜………………………………………　115
　『植民地教育史研究年報』01～09　総目次………………………………………　126
　「日本植民地教育史研究会の発足と参加のお願い」……………………………　135
　「アジアから信を得るために（小沢有作）」………………………………………　137
　「アジアと共に歩む歴史教育
　　　──「新しい歴史教科書をつくる会」の歴史教科書に対する見解」………　141

編集後記………………………………………………………中田敏夫、西尾達雄　147
著者紹介…………………………………………………………………………………　148

はじめに

植民地教育史研究年報第10号
編集委員会

　日本植民地教育史研究会（以下研究会）の発足会は、1997年3月29日、東京・本郷の学士会分館で開催された。したがって2007年で発足10年を迎えたことになる。研究会発足の翌年、1998年10月20日に研究会の機関誌『植民地教育研究年報』（以下『年報』）創刊第1号が発行された。以後おおよそ1年に1号の割合で刊行され、本号で創刊10号となった。

　研究会では創立10周年に関わる事業を、とくに企画・実施しなかった。そこで『年報』編集委員会では、研究会と『年報』の10年を記念して、本号でささやかな特集を組むことにした。

　まず、渡部宗助研究会代表に研究会「10年の略年譜」をまとめていただいた。研究会の10年のあゆみが一目で見渡すことができる労作である。なお、会報『植民地教育史研究』第23号掲載の、渡部氏「研究会の「次ぎなる10年」」をあわせてご覧いただくと、研究会のこの10年がより鮮明になるであろう。

　次に『年報』1～10号の総目次を、皓星社からデータを提供していただいて掲載した。皓星社の協力があったからこそ、『年報』がこうして10年間、10号を刊行できたことを、改めて感謝しなければならない。

　また「資料」として、研究会の10年の歴史を語る上でとくに重要と思われる、下記3点の文書を収録した。
　　①「日本植民地教育史研究会の発足と参加のお願い」（1997.1.31）
　　②小沢有作「アジアから信を得るために」
　　③運営委員会「アジアと共に歩む歴史教育―「新しい歴史教科書をつくる
　　　会」の歴史教科書に対する見解―」（2001.4.23）
　この10周年特集は、いわば窮余の一策である。これまで『年報』は集まった原稿の傾向から特集タイトルを考え、それを本タイトルとし、『植民地教育研究年報』をサブタイトルとしてきた。ところが本号の場合、投稿原稿数が少なく、

掲載となった論文は1篇に過ぎない。本タイトルとなるような特徴がないことから、やむなく10周年を前面に掲げたというのが実情である。

　前記のように、本号は原稿の集まりが悪く、ページ数が少なくなった。これまでの『年報』のなかで最も薄かったのが6号であるが、それをさらに下回ることになった。大変残念に思うが、"束"の確保について特段の対策は講じなかった。つまり学術雑誌としての品質の確保を優先したということである。

　この研究会は、植民地教育史を研究する研究者から構成される学術団体であろう。であるならば、その機関誌である『年報』も、学術雑誌としての一定の水準を維持しなければならないのである。

　もちろん投稿数の減少は重大な問題である。それがある程度研究会の活動状況を反映しているからである。会員の研究活動が停滞・低迷傾向にあり、それが原稿の"数"となって現れているとすれば、たんに10号に限った問題ではない。今後の『年報』の編集に深刻な影響を及ぼし、研究会の将来にも暗い影を落とすことになる。

　この研究会の危機ともいえる事態を、どのように乗り越えていくかが問われている。研究会自体が中長期的な視点にたち、会員の問題意識を喚起するような研究の方向性を示すことが求められている。若手研究者の育成なども、研究会が組織的・継続的に取り組んでいく必要があると考えられる。小手先の対策では、「次ぎなる10年」は保障できない。

　研究会と『年報』の10年を寿ぐべき「はじめに」が"辛口"の内容となってしまったが、本号のささやかな特集が研究会のこれまでを確認し、これからを考える契機となれば幸いである。

Ⅰ．シンポジウム

国定教科書と植民地教科書比較研究の魅力と困難

国定教科書と植民地教科書
比較研究の魅力と困難
―教科書の政治・社会・文化―

渡部宗助*

1．植民地教育史研究の「魅力」とは

　第10回大会シンポジウムのテーマに「魅力」と言うコトバを使っています。植民地教育史研究に「困難」があるのは分かるが、「魅力」（？）と訝る人もいるかもしれない。つまり、"批判すべき、否定すべき「過去」に魅力なんかあるの？"と。確かに「植民地教育」自体に「魅力」を感ずるのは特別の人であろう。しかし、陽の目を見ていない「植民地教育」が今なお訴え続けているものに、耳を傾け、澄んだ目を開き、心の琴線に触れるものがあれば、必ずや歴史的現在を「生きている」自分を感じたり、見出したりすることがあるのではないか。「否定」すべきものの正体が、愈々私たちに迫って来て、探究すべきものとして立ち表れるのではないか。それは、表層を剥ぎ取ることで次の地層が見えて来る「魅力」に似ているかもしれない。「植民地教育」に潜む悲しみ・憂い・絶望・憤怒そして微かな黎明に、人間として共感できるなら、新たな共生の思いとなって「アジアの信」を得て、地球に導かれることになるのではないか。
　「平和」を希求する人は、最も鋭く、深く、全面的に「戦争」を知らなければならないと言う。「植民地教育」の歴史的研究においても同じである。歴史的想像力は、空想ではなく、研ぎ澄まされた感性と理性の働きを求める。「真実」が宿ると思うなら「細部」も徹底的に探究したい。掘り当てられることを待っている鉱脈があるかもしれない。植民地支配下の人々の語りと「対話」ができれば、私たちの歴史的想像力はさらに豊かになるだろう。それは、明日を生きる力になるという意味で、私たちの希望となるにちがいない。それ

＊　埼玉工業大学

らを全体として「魅力」と言いたいと思うのです。

2.「国定教科書」とは

　そもそも日本で「教科書」というのは、一般名詞の「教本」(text book) とは異なり、「教科用図書」である。つまり「教科」書であって、その「教科」(curriculum) は「学制」から国が定めて、今日に至っている。国家による「教科」の設定があって「教科書」が成立する。厳密に、狭義に「教科書」を定義するなら、学制期の「学問ノススメ」は教科書として指定されましたが、寺子屋の「往来物」や藩校の「四書五経」は「教科書」ではない、と私は思います。以来、今日まで、「教科書」にはそのような歴史的刻印が押された特別の「図書」（ヅショと読ませた時期もあった）の意味をまず確認したいと思います。

「国定教科書」は、1904（明治37）年から小学校の修身、国語、日本歴史（1926年に「国史」となる）、地理、翌年から算術、図画の各教科で使用を強制されました。つまり、選択の余地ない唯一の「教科書」として学校に登場しました。修身教科書については、日清戦後の1896（明治29）年から文部省において「国費編纂」すべしとの貴族院「建議」などもあり、文部省は「国定修身書」編纂に着手・脱稿していました。1902（明治35）年の教科書疑獄事件を機に［を仕組んで?]、1903年に小学校令（勅令）を改正し「国定教科書」に踏み出しました。「国定教科書」は、「文部省に於いて著作権を有する」だけでなく、排他的にその使用を学校に義務付けたことが重要です。編纂には、文部省に置かれた専任「文部編修」（1920年に「図書監修官」と同　監修官補）のもとに編纂委員会が設けられて委員を委嘱し、執筆に当たった。委員の多くは、中等学校検定教科書（これも1943年から国定となった）の執筆者だったと言われています。国定期教科書執筆者の各教科別の悉皆調査はなされていないが、理科についてはほぼ明らかにされています。国定教科書の出版・発行は、民間教科書会社3社（日本書籍、東京書籍、大阪書籍）に、文部省の「見本」本をもとに独占的に翻刻発行させ（許可制）、販売は共同販売所（株式会社）が担っていました。

　1930年以降は販売も前記3社が地域割りで行うようになりました。国定教

科書と検定教科書の中間形態に、文部省著作の師範学校用「標準教科書」というのが一時ありましたが（1938年～修身、公民、国史）、1943年には「国定」となったから、その前段階と位置づけられるでしょうが、それについての研究はないようです。戦後も検定制度下での「標準教科書」発行が主張されたことがあります。日本の「国情」に相応しいものとして……。

　台湾、朝鮮に於いては、「内地」の諸学校令に依る場合の文部大臣の職務は「総督之ヲ行フ」とされましたので、教科書行政は基本的に両総督府の専決事項でした。従って、例えば両総督府とも教科書については、編纂（「編修官」）はもとより、出版発行も、初期にはその販売も、総督府自身が行っていました。それが政治的意図であったのか、出版、販売と流通機構・市場条件にあったのか、恐らく両方でしょう。総督府も国家機関ですから、その意味では「植民地教科書」は、文部省「国定教科書」以上に国家的教科書行政下にあったとも言えると思います。

3．「国定教科書」と植民地教科書──その「種類と範囲」

　教科書の「種類と範囲」というのは、かなり曖昧な用語です。台湾、朝鮮、「満洲国」という地域的区分も「範囲」ですが、ここではそういう意味ではなく、その第一は教科別と言う事です。国定の場合、教科によっては「検定教科書」があって、原則全教科が国定となったのは国民学校期（1941年～）です（体錬、郷土、歌詞・楽譜を除く）。その先行「基準」は、教科に対する国家としての「優先順位」であったと思いますが、教科書を使用しない「体操」のような場合もあります。また、教科によっては、男子用と女子用に別になっている場合もあります。

　第二には、教科書は、児童・生徒用、教師用及び掛図（教授用）とから成るということです。国定一期の算術のように教師用だけというという事もありました。朝鮮でも算術は当初教師用だけだったし、台湾でも算術は「教材」と言っていたが、これも教師用であったと思います。教師用だけというのは珍しいことではない。体操、作法、家事、職業の場合は「教授書」や「教授参考書」があります。いずれも「教師用」ですが、これらは「教授要目」の範囲とも言えましょう。児童用には「学習帖」というようなものあります。これらを教科

書研究でどのように位置づけるか。総督府では一般成人用にも「読本」や「会話本」を作成していますが、これらも「教科書」に入れるか、それは「教科書」の定義にかかっています。

　第三には、改訂版のほかに修正本・訂正本の扱いです。元本の約6割は修正本であると言われております。国定では、「南北正閏問題」（1911年）による「国史」教科書の修正が有名ですが、「改元」による機械的（？）修正もあります。「奥付」で明示されるのが普通ですが、明示しない例もあるという。国定という一元化された教科書であれば、それだけ「修正」は容易なわけで、政治や社会が反映する場合も予想されるので、軽視すべきでないでしょう。その意味では、内容研究と同時並行的に、書誌学的調査研究が求められると思います。それが、「国定」の場合と植民地の場合とで、それぞれに際立った特徴があるのか、どうか。両者の影響関係も見ておきたいことです。

　第四には、初等学校・実業補習学校と中等学校・実業学校という学校段階レベルの「種類と範囲」、植民地ではさらに「別学」体制（日本人と植民地人、台湾では『蕃人読本』含む）の教科書群があります。国内でも特定地域教科書として、検定期の『北海道用 尋常小学読本』（1897年～）、『沖縄県用 小学読本』（同）、国定期の『東北読本』（1938年～）があり、これらも事実上の「国定教科書」です。と同時に前者二種は「内国植民地」を意識し、後者は「満洲移住植民」を想定していました。

　第五には、「種類と範囲」の問題を越えるが、著作権との関係で原著からの引用・「偽作」ということがあります。図画教科書や唱歌教科書等における著作権の問題が典型的ですが、文字普及の程度との関係では特に「画像」の持つ意味が大きいので、教科書の「挿絵」とその作者の著作権をどう考えるべきでしょうか。教材として募集する場合や植民地での教材採集の結果としての説話・伝説等の「換骨奪胎」問題についての研究も必要です。これらは教科書における「植民地主義」の「内（的事項）と外（的事項）」に位置する問題とも言えます。

4．教科書の価格、発行部数――教科書の経済学

　この問題では、第一には、教科書の普及、つまり数量的にどの位の児童・生

徒の手に教科書が行き渡ったか、ということです。「就学率」とパラレルな関係にあったであろうという仮説は一応成り立つと思われます。しかし、「就学率」も曖昧さを含む概念です。植民地では母数である「学齢児童」は正確に把握できたのでしょうか。数量的にある程度正確に押さえられるのは国定期の各教科書の発行部数と販売部数ですが、それも実際に子どもが手にした数とイコールではありません。「お下がり」「お古」も珍しいことではありませんでした。植民地ではどうでしたでしょうか。国内でも地域によって「就学補助」として教科書の「給付」が行われました。朝鮮では総督府が無料配布や「給与・貸与」制も実施したようですが、時代とともに「自弁」が多くなったと、先行研究は教えています。台湾では総督府教科書の「払い下げ」という政策が採られましたが、あの「払い下げ」とはどういうもので、その目的は何であり、実態と効果はどうだったのでしょうか？

　第二に、教科書の定価、これは確実な数値として押さえられます。しかし、それと授業料との関係、他の物価との関係、好・不況との関係では、どういう意味を持ったでしょうか。国定教科書販売所からは絶えず、教科書の定価の引き下げ要求が文部省に出されていた、という記録があります。授業料と教科書代を払ってもなおペイするものがなければ、就学率は上がらないでしょう。植民地で「なおペイするもの」、それは何だったでしょうか、「植民地教育」の本質に関わる問題だと思います。

　第三は、教科書の発行地・印刷所と技術、用紙事情と製紙会社、そこで働く人々の労賃などの「生産関係」も研究の対象であると思いますが、寡聞にしてそういう研究を知りません。教科書研究は、内容研究と「教科書の社会史」へと向かっていますが、植民地における「教科書」の経済学的研究が必要だと思います。植民地領有・統治の「費用対効果」と言う点から見れば、植民地「放棄論」はリアルな認識であったのではないかと思うので、その認識においては教科書もそれを構成していたのではないでしょうか。北米移民地での「二世教育」用の日本語「教科書」が日本で発行されて輸出された事例は知っていますが、「内地」で発行して植民地に「移出」した例があるのかどうか、その場合のコスト高は当然です。

　植民地教科書の「外」、政治学的、行政的関心を持つ人が少なくないと思いますが、それを植民地教科書の「政治経済学」に一歩進めてほしいと思うのです。

5．「植民地教科書研究」への期待

　私たちの研究は、頭から「ない物ねだり」をしても仕様がない。課題に気づいた人が、興味・関心を抱いた人が、その地点と時点から、探究を始めること、既に始めている人はそれを進めること、その作業を積み上げること、そして行き詰まったらちょっと立ち止って廻りをみて見る、そういうことの連続だと思います。

「植民地教科書研究」は、今、各教科別内容研究の深化に努めています。それは、不確かな地形図を持って、「植民地教科書」という「山」を全面的に知ろうとしてする場合の最もオーソドックスな方法だと思います。それを、色々な地点（＝教科）から山を見ながら、カンバスの上に「絵」を描いていると想定してみよう。その絵にはそれぞれの「美」と「真」が宿っていると思います。同じ地点からの「絵」でも時間・季節等の遷り変わりで随分異なって来ます。それも試みられています。ですから、それらの「絵」を持ち寄って並べて見たら、その「山」のある地点からの「美」と「真」が浮かび上がってくると言えるでしょう。そして色々な地点からの「定点観測」はなお、有効だろうと思います。

　その上での願いですが、一つには、それらの「絵」の集積が「不確かな地形図」をより「正確な地形図」作りにも寄与するようになったらいいな、と私は思うのです。つまり植生を含む「地形図」作りを意識してほしいと思います。それには、「絵」を描く人だけでなく、山岳写真を撮る人、風や気象を記録する人、「生き物」を調べたり、地質を追っている人もいてほしい。そしてそれらの「成果」を持ち寄ったらその山のことがよりよく分かった、というような研究になってほしい、と欲張りたいのです。

　未知のところに行くときは地図を持って行くが、地図がない場合は自ら地図を作る精神がほしい、と思うのです。正確な「地形図」があれば、現地に行かなくても経験と訓練、そして想像でかなり正確な「景観」が描けるという人もいます。それが出来れば、私たちの研究はその「山」で起こるかもしれない災害の未然防止にも役立つかもしれないと思うのです。

　もう一つは、「教科書」そのものの編纂・発行、あるいは「編纂趣意書」「教授書」は、編纂過程における教科書作成者の政策「意図」を明確に示すものですが、あくまでも「意図」であって、それが「教育」としてどういう効果・結

果をもたらしたかを示すものではない、ということを強調したいと思います。それがどう使われたか、「学校現場」にも目を向けてほしいのです。「現場」では、「教科書」が唯一の「教材」ではなかったはずです。現場に降りた教科書、現場からみた教科書、これは教科書研究の欠かせない重要な構成領域で、実は最も難しい仕事だと思います。

6．「理数」と「芸術」が発信するもの

　最後に今回のシンポジウムのサブタイトルには、「教科書の政治・社会・文化」を掲げてあります。教科書を「文化」として語る時最も相応しいのが「理数」と「芸術」、教科名で言えば、「算術・理科」と「唱歌・図画」ではないか、と言う思いが込められています。そのことは、これらの教科にイデオロギー色が薄いとか、他の教科が「文化」でないとかいう意味では全くありません。「理数」や「芸術」が、「人文・社会」以上に政治的・イデオロギー的機能を果たした例を幾らでも挙げることができます。そのことは同時にその批判の武器にもなり得ることの反証でもあると思うのです。

　近代の普遍的原理を、仮説的に私は「精神的自由」「ナショナリズム」「自然科学」の三つのキイワードで表現しましたが（『年報』8号）、芸術は「精神的自由」と感性の産物であり、理数は、「自然科学」にその基礎を置いています。その活動が、時に政治・イデオロギーと鋭く対立する根拠もそこにあると思っています。「教科書」に則して言えば、今日でもそれが国家公認の「教科」に基礎を置くが故に、「精神的自由」の働きや「自然科学」的真実と対立することがしばしば起こります。「植民地教科書」の場合はどうであったでしょうか。植民地教科書の「山」に分け入る「虫と鳥の眼」はまさしく近代自然科学のそれだと思うのです。そして「美」と「真」に対する侵害・歪曲が、論争の余地を残さないくらい明晰に論証しうる可能性に満ちているのもこの教科領域ではないだろうか？芸術を生み出す感性にはナショナリズムのDNAが埋め込まれている、科学に国境はなくても科学者には祖国がある、とも言われてきました。「植民地教科書研究」は、それらの仮説的な事態を、どのような方法で掘り起こしてくれるか、そこから発信するのは、最初に述べた「魅力」そのものではないでしょうか。

植民地教育史・教科書研究(理科)の目標と視点

岩﨑敬道*

　最初に現在は理科のみに限定して研究を進めていることをお断りしておく。理数部会での教科書研究の現状を報告し、それによって理数部会の研究方法を提起したい。研究経過は、次のようになっている。まず仮説を設定し、その仮説を確かめるための作業を明らかにし、順次その作業を進めることで、仮説の検証を進めてきている。

1　[仮説] の設定

　まず、次に挙げる二つの仮説を設定した。
  (1)　理科は自然科学を教えていなかった。
  (2)　植民地教育は内地での教育の実験的要素（ある種の先進性）をもっていた。

　一つ目の仮説は、「理科は自然科学を教えていなかった」とした。このことは、今回のわれわれの植民地教育史研究が最初に取り上げたことではなく、既に多くの理科教育史研究で論議になってきている。例えば、理科教育研究で基本となっている真船和夫著『理科教授論』にも挙げられている。その指摘は、1891（M 24）年の小学校教則大綱の理科の要旨に、理科は天然物及び現象の観察、その相互及び人生に対する関係の大要を理解させ、兼ねて天然物を愛する心を養うとしていることに、その根拠を置いている。
　このことは「自然科学科」ではなく「理科」という教科名および教科書名にも挙げられており、植民地教育でもこのことは例外ではない。したがって、

---

*　武蔵工業大学

植民地教育であるからといって自然科学を教えていたとは考えにくいのである。次に掲げた仮説は、「植民地教育は内地での教育の実験的要素をもっていた」ということである。これは植民地教育の特殊性とでも言えるだろう。一つ目の仮説とある意味逆になるのだが、内地教育で果たせなかったことを官憲の縛りが緩そうな植民地で試みようとしたのではないか、ということでもある。

またこの根拠の一つに、先行研究として永田英治らのものがあり、例えば『植民地教育史研究年報』第3号に、1941（S 16）年の文部省『初等科理科』が「教材編成・課題の取り上げ方が、朝鮮総督府の『初等理科（書）』をたたき台にしてできあがったものである」という指摘を見ることができる。そして永田の同論文によれば、『初等科理科』の元になっている朝鮮総督府編纂の『初等理科書』が実業的理科・作業理科と指摘していることは、上記仮説(1)にもかかわるものとして検討をすすめようとしていることが挙げられる。

さらに、『帝国教育』735号 1940（S 15）年に木村太郎が「小学理科書の改訂を要望す」と題して小学校理科教科書の改訂要望意見を書いているが、文部省検定教科書と朝鮮総督府編纂の教科書を比較し、総督府編纂の教科書の方がはるかに優れていることを指摘している。その判断の価値基準は差し置いても、内地の教科書より植民地で編纂された教科書に進歩性があることをここにも見て取ることができる。

2 仮説を明らかにするための作業（方法）

そこでこれらの仮説を検証するための作業として、植民地での教育と内地での教育との違い、とりわけ教育内容に関して、その違いを明らかにすることとした。

具体的作業としては、今回研究対象となっている植民地での教科書内容を検討し、内地でのものと比較することである。その基礎作業として、具体的手順と比較方法を、次のようにした。

(1) まず基礎作業として、内地と植民地での教育制度、教科書制度と教科書発行状況を調べる。

　　地域（朝鮮、台湾、満州）別に表にしてみる。
(2) 教科書の目次を比較しつつ、比較項目を抽出する。

ア）国定教科書と植民地での教科書の比較
　　イ）ア）と並行しながら、同一地域（例えば朝鮮）での時期別教科書の比較
　　ウ）典型となりそうな項目の抽出と教師用書等の参照
　　エ）同一時期の地域別教科書の比較
(3) 教科書における記述内容の比較

　(2)と同様な2種類の作業（同一地域・時期別、同一時期・地域別の比較）を行う。

　例えば、上記ウ）として「稲」を取り上げ、朝鮮での教科書では、国定教科書および植民地での日本人向けの教科書の記述に農業技術的（稲作の実業教育）な要素が見られるが、現地人向け教科書は栽培（改良）技術レベルにまで及んでいる。これは仮説(2)の実験的要素と同時に、自然科学ではない技術教育志向が見られる。

3　教科書比較研究の視点

　教科書比較に関し、以下四つの視点を持った。
(1) 自然科学的な記述の有無、学問的・教育的立場の識別
(2) 教授法的側面として
　　i) 一般性と個別性とその関連性
　　ii) (1)とかかわるが、個別学問的か総合的か
　　iii) 学習のねらいに国定教科書と現地の教科書とに違いがあるか
　　iv) 学習のねらいは同じでも、取り上げる教材に違い（地域特殊性）があるか
(3) 地域性・個別性を取り上げる記述
(4) 内地向け、植民地向けの2種だけではなく、植民地向け教科書に現地人向けと日本人向けがあるものがあること

　(1)については、理科という教科の特異性がある。これをどう扱っているかで、"当時の理科"が浮き彫りになる。

　(2)については、(1)とかかわりながら、身の回りにとどまるか、あるいは作業・農業的な扱いになるかなどが明らかになる。

4 これまでの研究成果

　生物分野をまず取り上げ、物理分野にも若干ふれながら、朝鮮、台湾地域について調査・研究を進めている。

1）朝鮮総督府編纂の教科書　3-(1)、3-(3)について
　本研究会第16回定例会で本部会員長谷川純三さんが「文部省・朝鮮総督府著作理科書「稲」の教材観」として報告をした。「稲」についての扱いを、国定教科書と朝鮮での教科書を比較した。当初設定した「仮説」に基づいて整理してみると、次のようになる。

　文部省国定教科書『尋常小学理科書』における「稲」についての取り扱いは、第1期（1911（M44）年）から第4期（1930（S5）年）に至るまで、その扱いを教師用書で見ると、稲の形態・耕作、さらに栽培としている。稲を禾穀（穀類の総称）のうちの進歩した一例として根・茎・葉・花の形態・生態をあげる。一方、「耕作」とは「田を耕す」ことであり、「栽培」は作物として育て、稲の花の形態・結実機構等を中心とする記述であった。稲の形態・生態については普通教育的側面ではあるが、それは米（果実）の生産に直接かかわる内容である。

　また、稲の受粉方法について花粉が風によって運ばれ受粉することが一般に言われていたが、当時自家受粉であることが研究から明らかになっていた。にもかかわらず教科書にはそれが反映されず、相変わらず風媒花、風による受粉という記述のままだった（教育的には、すべてが自然科学の最新の知識であるべきである、ということではないが）。このことから、理科教育が自然科学を重視していないことがわかる。また「栽培」という用語は農学用語である。これらの点からだけでも、自然科学よりはむしろ実業教育的側面があったことが窺える。

　これに対して朝鮮総督府編纂の理科書における「稲」の扱いは、同じく教師用書の要旨を見ると、「稲の耕作改良の急務なる」点が強調されている。そこでは、朝鮮の気候は内地のそれと異なり収量が少ないことから改良の余地があることを説き、教科書ではその改良による増収、栽培にとって障害となる雑草や害虫等を説いている。こういった点から、自然科学ではなく、実業教育的色

彩が強いことがわかる。（朝鮮の地域特殊性から考えると、取り上げる植物種に地域性はないかという点に関し、課題が残る。）

これらを見ると、子どもたちを自然科学へ近づけないという点で内地の教育と共通するものがあると同時に、植民地政策的な要素を垣間見ることができる。

一方、結実機構に関しては、稲が自家受粉であることについて触れ、国定教科書より先進的であることを示している。これは仮説の2番目に対応するものとして考えられる。

2）台湾総督府編纂の教科書　3-(1)、3-(2)について

以下、3点にまとめることができる。

ア）文部省国定教科書では本草学、博物学的色彩のある記述である。一方台湾総督府編纂の教科書では、系統性がなく個別的であるものの、教科書記述が身の回りにあるものから導入されており、「総合的」扱いが目立つ。このことは、内地の国民学校の教科書に共通するものであり、この点でも実験的要素を見ることができる。

イ）上記の「総合的」ということともかかわるが、自然科学的か生活密着型か。後者（生活密着型）ということでは、生物分野で蚊とマラリア、ペストと病原菌を扱いながら、病気には原因があること、つまり、まかぬ種は生えぬ、というレベルまで教えようとしているのか、予防だけで止まるのかということが考えられる。この点から台湾の教科書を見てみると、予防に止まりがちであることがわかる。

ウ）物理分野では、科学・技術に関わって見ることができる。例えば、電動機と発電機が台湾の教科書には出てくるが、これら科学技術の恩恵として扱われている。このようなものは、内地の教科書には戦後にも出ていない。このような教材の扱いに、内地の教科書に比べ先進性、先駆性が見ることができる。

＊　　＊　　＊　　＊

以上のことから考えると、理科という教科、これは内地・植民地を問わず共通することであるが、この教科の特質、とらえ方という側面と、植民地であるからこその教科と教育内容という面から考察できることがわかる。後者の面から、「植民地教育とは何か」を明らかにすることが、今後の一つの大きな課題

と考えられる。

5　今後の研究の方向性

　当面、以下の2点について考えている。
ア）満州地域へ広げること
　内容を限定をしているものの、これまで朝鮮、台湾の教科書を取り上げて検討してきている。今後満州まで広げることによって、地域性とともに植民地教育の本質へと深めることができるのではないかと期待している。

イ）生物領域だけでなく、物理、化学領域へ広げること
　内容としてはこれまで生物分野を中心に扱ってきたが、今後は物理、化学分野へも広げていきたい。とりわけ物理分野では個別的な教材から法則へのつながりが見えやすいので、理科に自然科学とどうかかわりを持たせようとしてきたのか、また持たせなかったのかを明らかにする点で、期待が持てるだろう。ここまでで若干物理分野に触れてはいるが、まだそういった視点からの考察は試みてはいない。今後の課題の一つである。

台湾総督府出版公学校唱歌教科書の研究視点
―― 編纂過程と内容の分析を中心に

劉　麟玉[*]

0. まえがき

　2007年3月30日に開催された第10回日本植民地教育史研究大会において、植民地台湾における唱歌教科書の研究視点について報告した。著者はこれまで、本課題について主に音楽学界で発表を行ってきたが、今回、植民地教育史を専門とする研究者の前で報告する機会を得、様々な意見を頂いたことに深く感謝している。また、今回の報告は方法論について再考させられる機会ともなった。なお、報告の内容は主に拙著『植民地下の台湾における学校唱歌教育の成立と展開』(2005)、とりわけ教科書分析の一部をまとめたものである。

　「唱歌」という教科は現在の「音楽」に相当する。「唱歌」は1872（明治5）年に日本の学制が頒布された際に用いられた名称で[1]、元々は英語の「singing」や「song」の訳語として使用された[2]。この名称は1941年まで使われており、文部省令第4号「国民学校令施行規則」第14条によって「芸能科音楽」と改称された。

　唱歌教育の教科書は、他の教科と同様、一定の編纂過程を経る。また、教科書の内容は教育方針、そして編纂者の考えや訴えを反映している。他方、唱歌教育は一種の情操教育でもあり、「美感」と「徳性」を養うという、言わば心を豊かにするための教育である。さらに唱歌は音楽教育の一環としての側面を持ち、それを教授する初等教育の教師には音符や楽譜を扱うための専門知識が必要とされる。その上、児童にとっての教材の難易度や適切性も考慮されたであろう。最も注目すべき点は、唱歌教育が植民地支配下という状

---

[*] 　人間文化研究機構連携研究員

況の中で実施された教科として、どのような様相を呈したのかということであり、また、情操教育や芸術教育としての唱歌と植民地支配という現実との間に矛盾はなかったのかという点に関しても、様々な角度から検証する必要がある。今回のシンポジウムでは、時間の関係で、まず唱歌教育の教科書の編纂過程および教科書分析の結果を紹介し、その結果を通して、植民地台湾の教科書が何を物語っているのかという観点から報告を行った。なお、今回取り扱った唱歌教科書は1915年出版の『公学校唱歌集』（1冊）と1934-35年出版の『公学校唱歌』（1学年から6学年まで、計6冊）の2期に渡るものである[3]。

1．台湾総督府出版唱歌教科書の編纂過程

1915年に発行された『公学校唱歌集』と1934-35年に発行された『公学校唱歌』の量的な違いは一目瞭然であるが、それらの編纂過程もかなり異なっている。以下にそれらの編纂過程の概略を示す。

まず、1915年出版の『公学校唱歌集』は台湾総督府が出版した最初の唱歌教科書で、それまでの唱歌の授業では日本出版の教科書が使われていた。曲数は6学年まとめて計46曲ある。その「緒言」によると、いくつかの歌は国語学校助教授一條慎三郎（1872-1945？、旧姓宮島）[4]によって作られたと記されている。また、そのうちの29曲は日本の唱歌集から借用したものである。1915年2月10日付けの「公学校唱歌集原稿買上ノ件」[5]という公文書に「公学校生徒教授上公学校唱歌集編纂ノ必要有之先日国語学校所助教授宮島慎三郎ニ編纂セシメ当部ニ於テ審査ノ上優良ト認メ候トキハ一冊金八拾円以内ヲ以テ買上ニ相成可然哉」と書かれているように、宮島は台湾総督府の委託でこの唱歌集を編纂したことが分かる。一條は渡台する以前から広島師範学校、長野師範学校、山形師範学校といったさまざまな師範学校での教歴を持ち[6]、当時音楽教育の人材がほとんどいなかった台湾の教育界では重用されたと考えられる。『公学校唱歌集』は一人の教員によって編集されたのに対し、1934-35年出版の『公学校唱歌』は複数の編集委員によって編纂された。しかしながら、歌詞や旋律は編集委員によって作られただけではなく、一般人による作品公募も行われた。1933年5月には教科書を編纂するための唱歌科の調査委員会が発足した[7]。また、これに先立つ4月には台湾総督府が公学校用唱歌歌詞を一般か

ら募集した。その理由として、「同傾向のものゝみに堕す弊」を避けたいという考えが示されており、また題材については「台湾ニ関係アルモノニ限」ると規定されている[8]。結果としては、審査委員が応募歌詞の120篇から19篇をしぼり、同年の9月号の『台湾教育』で公表した[9]。さらに9月7日の府報において、この19篇の歌詞につける旋律が募集され[10]、翌年1944年3月末には第1学年から第3学年向けの3冊が完成し、第4学年以上の教科書は編纂中であると報じられた[11]。なお、上記の新作は第2期唱歌集の105曲の一部であり、日本内地から取り入られた歌も多数ある。

　以上から、第1期と第2期に出版された唱歌教科書の編纂過程における違いとそれら台湾出版の唱歌教科書と日本の文部省出版の唱歌集との違いは明白である。台湾で出版された教科書の違いに関して言えば、まず、第1期教科書は一條慎三郎が単独に編著したということが挙げられる。そのため、一條の好みが色濃く反映され、またその背後に台湾総督府の方針も伺える。次に、第2期の唱歌教科書は複数の編集委員によって編纂されたものであり、しかも新作歌曲は民間人によって作曲され、台湾に関連する題材が要求されている。このような編纂方法は文部省唱歌の編纂過程では考えがたいことであろう。また、文部省作成の唱歌教科書では作曲・作詞者は公表されていないのに対し、台湾の二期の唱歌教科書では収録された新作歌曲の作詞者が明らかにされている。さらに、第1期教科書では出典が明記されている。他方、第2期の唱歌教科書では、編集委員は編纂段階以前に公表され、「台湾ニ関係アルモノ」という一部の編集方針も歌詞公募の時点で明言されていた。

2．教科書の分析方法

　今回の報告における「唱歌教科書の分析」の部分では、主に第2期の教科書を中心に紹介した。それは、第2期教科書は第1期教科書よりも冊数と曲数がはるかに多く、さまざまな曲例が含まれているため、シンポジウムの聴衆にとって分かりやすいであろうと考えたからである。

　唱歌は旋律と歌詞という二つの要素を持つため、その内容を分析する際には、先行研究の分析法を踏まえて以下の視点を用いることにした[12]。

2.1 歌の出典

　台湾総督府唱歌教科書には日本で出版された唱歌教材がどのくらいの割合で取り入られているのか集計する。この作業によって、台湾で作られたオリジナル歌曲を把握しやすくなり、また、編集の方針や教科書の傾向が比較的推測しやすくなる。しかしながら、日本では明治期以来、文部省だけに留まらず、民間においても膨大な唱歌が作られてきた[13]。そのため、同じ題名の歌が数多く存在し、それらの歌が台湾で歌われたかを同定するのは困難である。従って、歌の普遍性を考える必要がある。つまり伊沢修二が編纂した唱歌集や文部省唱歌といった日本での使用率が高い出版物から考察することである。また、台湾の民間で出版された唱歌集を参考にすることは同定作業に役に立つ。しかし実際には、わずかではあるが、同定できない歌曲が存在している。表1に示した『公学校唱歌　第二学年』の7番目の歌曲《フンスキ》はその例である。また、その他の歌のうち、6曲は日本文部省の『尋常小学唱歌』もしくは『新訂尋常小学唱歌』から借用したものであり、8曲は台湾で作られたものである。

表1『公学校唱歌　第二学年』(1934-35) 各曲の出典　　　　（劉麟玉作成）

学年	表題		出典	小計
二	1.	ミズクルマ	台湾（詞：国1巻3韻文）	内地：(6) （『尋』・『新尋』4、『新尋』1、その他1） 台湾：(8) 不詳：(1)
	2.	トリノス	台湾（詞：国2巻3韻文）	
	3.	アリ	台湾（詞：国2巻3韻文）	
	4.	タケノコ	台湾（応募歌詞、詞：吉村守）	
	5.	ペタコ	台湾（応募歌詞、詞：岡本新市、原題「白頭鶲」	
	6.	スギウキ	台湾（『台湾の歌』、詞：御船武、曲：郭明峰→詞国1巻4韻文）	
	7.	フンスキ	不詳（台湾？）	
	8.	フジサン	『尋』・『新尋』（『公学』）	
	9.	カカシ	『尋』・『新尋』	
	10.	アヒル	台湾（詞：国2巻4韻文）	
	11.	ラヂオ	『新尋』	
	12.	うらしまたろう	『尋』・『新尋』	
	13.	しちめんてう	『大正幼年唱歌』	
	14.	なぞなぞ	台湾（詞：国2巻4韻文）	
	15.	はるがきた	『尋』・『新尋』	

略称の説明　　『尋』：『尋常小学唱歌』、『新尋』：『新訂尋常小学唱歌』、『公学』：『公学校唱歌集』、国1：『公学校国語読本

2.2 歌詞の分析

　1900年代以降の公学校や日本小学校の唱歌規程を調べると、最初の文言に「美感を養う」ことと「徳性を涵養する」ことが定められている。美感の養成が旋律によるものだとすれば、徳性の涵養は歌詞の意味を通して達成するもの

であると考えられる。しかしながら、唱歌は旋律よりも歌詞の内容の方が重要であると当時の教師は考えていたようである。なぜなら、歌詞の意味を理解することや台湾の児童にとって身近な事物を用いた歌詞を作ることが、唱歌を論じる文章や記事ではしばしば強調されているからである。それらの記事を書いた教師らが音楽の専門家ではないことから、彼らが歌詞だけに注目したという可能性もあるが、歌詞の意味を理解することによって初めて唱歌の目的が達成されるという認識があったようである[14]。

また、当時の教師は、唱歌科は国語（日本語、以下同）や修身などの他教科と連携すべきという考えを持っていた。1902年の「公学校の唱歌教授に就て」という文章ではすでに、生徒の発音の矯正、国語学習の助け、感情を動かすなど、唱歌の利点を取り上げている[15]。

さらに昭和期においては、唱歌と他教科の関係について次のような解釈がある。すなわち、『公学校教育の第一歩』（1924）には「修身国語地理歴史等の諸教科と連絡を図り歩調を一つにして進んで行くことが大切である。即ち修身科と相関して道徳上の歌曲を授け、国語科と連絡して韻文又は事実を歌はしめ、両々相俟って道徳的、国民的、文学的、審美的の情操を陶冶し、地理歴史等と相関連して其等の風景や、偉人の事績事件等を歌はしむる」こととある[16]。このように、当時の日本人教師にとっては、唱歌を通して日本語のできない段階の低学年台湾人児童に日本語の発音や語彙を記憶させることが可能となり、さらに中・高学年の台湾人児童には、歌詞の意味を通じて日本そのものを学習させることが唱歌教育の役割であった。

以上を踏まえ、分析は全般の分析と台湾オリジナル歌の分析の二つに分けて行うこととする。

2.2.1 全般の分析

歌詞を分析する際にその内容を四つのカテゴリーに分類する。すなわち、一、自然類（動物、植物、景色）、二、生活類（遊び、民話、行事、職業）、三、国民精神類（儀式日、皇室関係、歴史人物、軍歌、道徳）、四、近代知識類（技術、近代産物）である。この歌詞内容を分類する手法は国語（日本語、以下同）教科書研究などでも使われている。それぞれのカテゴリーの割合から、2期の唱歌教科書の傾向が読みとれ、その時代の唱歌に対する教育観を伺うことができる。

表2に示した例を見れば分かるように、第4学年の20曲のうち、国語教育に関連する歌が8曲あり、自然と生活を描写する歌はそれぞれ7曲ずつある。また、国民精神を訴えるものは6曲に上る。本文の字数の関係でここでは示さなかったが、国民精神類の歌は第1学年と第3学年の教科書には1曲ずつしか取り入れられておらず、各学年の総曲数である15曲のうち、自然類と生活類の歌が13曲を占めた(17)。しかし第4学年になってから国民精神類の歌が急に増えており、これはまさに『公学校各科教授法』(1924)で示唆された唱歌を教えるための手順を反映している。すなわち「歌詞はよく児童の生活趣味に適し、快活無邪気なものから勇壮活発なるものに進み、漸次高尚優雅なものに到るべきである。歌詞の程度は児童の国語力に平行するがよい。最初は専ら口語体特に児童語を用ひ、その詩想は最も児童の想像に適し、其の詩的興味を湧かしめる童謡の如きものを選び、漸次伝説歴史・修身等国民的・道徳的精神を現したものに及ぶがよい(18)」としている。従って、ここで例として取り上げた第2期教科書の歌詞の内容は、当時の唱歌教育観に一致したものであると言えよう。

表2 『公学校唱歌 第四学年』(1934-35) 歌詞の特徴　　　　　(劉麟玉作成)

学年	表　題	国語読本との連絡	分　類	小　計
四	1. 靖国神社		国民精神	国語 (8) 自然 (7) 生活 (7) 国民精神 (6)
	2. お手玉		生活 (遊び)	
	3. 南の風		自然	
	4. 初夏の夜		自然	
	5. 花火		生活 (行事)	
	6. かげろう		自然 (昆虫)	
	7. 夕立	国1巻7韻文	自然	
	8. 漁船		生活	
	9. 桜井の決別	国1巻11・国2巻7に関連	国民精神 (歴史人物)	
	10. 遠足	国1巻7韻文	生活 (行事)	
	11. つゆと虫	国1巻8韻文	自然 (昆虫)	
	12. 野菊	国2巻8韻文	自然 (植物)	
	13. 燈台	国1巻8・国2巻10に関連	国民精神	
	14. とりいれの歌		生活 (農業)	
	15. いかだかづら		自然 (植物)	
	16. 観兵式	国1巻8韻文	国民精神	
	17. 子守唄		生活	
	18. 昭和の子供		国民精神	
	19. ひなまつり		生活 (行事)	
	20. 我が帝国	国2巻6に関連	国民精神	

略称・記号の説明　▨▨▨▨：台湾にオリジナルなもの、国1：『公学校国語読本第一種』、国2：『公学校国語読本第二種』

2.2.2　台湾オリジナル歌の歌詞の分析

　植民地出版の唱歌集の特徴の一つは、日本で作られた唱歌だけでなく、当地

で作られたオリジナル歌が取り入れられていることである。台湾総督府出版の唱歌教科書も例外ではない。台湾で作られたオリジナル歌は、台湾の在来音楽の旋律を取り入れるよりも、歌詞において台湾特産の動物や植物が取り入れられることになる（譜例1、2）。表3は『公学校唱歌』第一学年から第六学年までのオリジナル歌に描かれている台湾素材の一覧である。これらの結果を通して、在台日本人がどのように台湾そのものを認識し、また、彼らが台湾人児童に伝えようとしていた台湾のイメージとはどのようなものであったのかということを探求することが可能である。

資料3　台湾オリジナル曲の歌詞の分析　　　　　　　　　（劉麟玉　作成）

学年	曲順・表題	台湾素材	分類
一	3. メジロノコ	メジロ	鳥類
	4. ユウダチ　ヤンダ	マンゴー／ビンロウ（檳榔）	果物／植物
	9. ジャンケン	バナナ／オンライ（パイン）	すべて果物
	11. カアレン	カアレン（白鶴鴒）	鳥類
	13. コスズメ	ヨウジュ（カジュマル）	植物
二	5. ペタコ	ペタコ（白頭）	鳥類
	6. スイギウ	水牛／白鷺	動物／鳥類
三	2. だいしゃ	相思樹／芭蕉／甘蔗	植物／果物／果物
	4. 牛車	甘蔗／牛車	果物／道具
	5. ながいお休み	ヨウジュ	植物
	7. すみれん	すみれん（睡蓮）	植物
	8. おまつり日	蓬莱米／ぶんたん／ざぼん／バナナ／おんらい／もくくわ（パパイヤ）	植物／その他は果物
	15. 白さぎ	白鷺	鳥類
四	3. 南の風	ざぼん	果物
	6. かげろう	もくくわ	果物
五	4. 神木	神木	植物
	10. 鄭成功	鄭成功	歴史人物
	12. 赤嵌城	赤嵌城	古跡
	14. 新高山	新高山	山
六	3. 胡蝶蘭	胡蝶蘭	植物

2.3 旋律分析の視点

1904年以降の公学校の唱歌規定には「平易ナル歌曲ヲ歌フ」ことが定められている。「平易なる」という基準は初等学校の児童にとって歌いやすいものであるかどうかということであり、この視点から唱歌の旋律を検証する。

表4からも明らかなように、旋律の歌いやすさを分析するためは、歌を構成する基本要素である小節数、拍子、調性について考察し、音域を調べるという手法をとる。その理由としては、一般的に言って、初等学校の児童にとっては

資料4 『公学校唱歌』(1934-35) 音楽的特徴（第5学年）(劉麟玉 作成)

学年	表題	小節数	拍子	音域	調性	ダ/ブ	備考
	1. 金剛石・水はうつは	32	4/4	c1-d2	ハ長調※	○/○	
	2. 種	16	2/4	c1-es2	ハ短調	○/○	シンコペーション
	3. こひのぼり	16	4/4	c1-d2	ヘ長調	○/○	
	4. 神木	26	4/4	d1-e2	ニ長調	○/○	アウフタクト
	5. 空中戦	16	2/4	d1-d2	変ロ長調	○/	
	6. 山上の家	20	4/4	b1-es2	変ホ長調	○/○	
	7. 海	20	3/4	c1-d2	ヘ長調	○/○	
	8. 風鈴	18	4/4	d1-e2	ニ長調	○/○	シンコペーション
	9. 農商工	24	2/2	d1-e2	ト長調※	○/○	
	10. 鄭成功	16	2/4	d1-d2	ト長調	○/○	
	11. 朝の歌	18	4/4	h1-e2	ホ長調※	○/○	アウフタクト
	12. 赤嵌城	27	3/4	d1-d2	ト短調	○/○	アウフタクト
	13. 山にのぼりて	16	2/4	b1-e2	ニ長調	○/	シンコペーション
	14. 新高山	16	4/4	c1-e2	ハ長調	○/○	アウフタクト
	15. 助船	16	4/4→2/4→4/4	f1-es2	変ロ長調	○/○	
	16. 敵は幾万	28	2/4	c1-e2	ハ長調	○/○	拍子記号の変化
	17. 船子	8	6/8	f1-es2	ニ長調	○/○	輪唱
	18. 六氏先生	16	4/4	d1-d2	ト短調※	○/○	
	19. 広瀬中佐	16	4/4	d1-d2	ト長調	○/○	アウフタクト
	20. 忍耐	16	4/4	c1-d2	ハ長調	○/○	

記号と略称の説明　▨：台湾にオリジナルなもの、※：ヨナ抜き音階、ダ：ダイナミックス、ブ：ブレス

小節数の少ない短い歌や拍子を簡単に数えることのできる歌の方が覚えやすく、調記号の少ない歌の方が譜面を読みやすいからである。さらに児童の声域以内の旋律であれば歌いやすいのは当然のことである。つまり、ここで提示した旋律分析の手法は、教科書のそれぞれの歌が児童の発達段階や声域に合っているかどうかを検証することを可能にする。さらに、ブレスの有無やダイナミックスの有無も考察の対象とする。ブレスは歌う際に正しく息継ぎすることができるかどうかということに関係しており、また、ダイナミックスはどのように音楽を表現するのかに関係している。そして複雑なリズム（譜例3）、複雑な旋律線、歌いづらい音程があった場合は、特記事項として備考欄に記入した。このような作業を通して、教科書全体の歌の難易度を把握するとともに、音楽教育法の理論ではこの教科書をどのように位置づけていたのかを探求することができる。なお、前述した拙著では、旋律に関しても教科書全般と台湾オリジナル旋律の二つに分けて分析を行った。

3. まとめ

以上のように、第10回日本植民地教育史研究大会では、台湾総督府出版教

科書の編纂過程と分析方法を中心に報告した。編纂過程に関しては、台湾の独特な編纂経緯を紹介した。また、教科書の各歌の分析例を通して台湾の唱歌教科書の歌詞内容や音楽的特徴を把握することが可能であることを示した。ただし、シンポジウムでは唱歌の芸術性の問題や台湾人作歌の特徴についても触れたが、本報告では、全体の流れを考えて敢えてそれらを省くことにした。

今後の課題としては、これまでの研究結果を踏まえて、台湾総督府唱歌教科書と文部省唱歌との比較をさらに細密に行うこと、またさらには、同じ視点で朝鮮総督府出版の教科書と満州の教科書の総合的な比較研究をすることなどが挙げられる。これらの作業を通じて、植民地教育における唱歌という教科と唱歌教科書そのものの意味合いが初めて明らかになると考えている。

【注】
(1) 日本音楽教育協会『本邦音楽教育史』（1984、音楽教育書出版協会）、復刻版（1982、第一書房）61-62。
(2) 小島美子「唱歌」『音楽大事典　第3巻』下中邦彦編、（1982、平凡社）1215。
(3) 第3期教科書の『ウタノホン』（上、下）と『初等科　音楽』（一、二）の分析は岡部芳広『植民地台湾における公学校唱歌教育』（2007、明石書店）を参照。
(4) 宮島慎三郎は1911年に台湾に渡った。1916年、親族の一條成美の家名を相続するため、一條と改姓した。（無署名）「楽人動静」『音楽界』1916、171(1)：93を参照。また、一條慎三郎の履歴に関する記録は『明治四四年台湾総督府公文類纂』「第十一巻甲永久進退判任官進退現議十一月分　宮島慎三郎任国語学校助教授ノ件」（簿冊番号1894）および『昭和三年台湾総督府公文類纂』「官房秘書課高等官進退原義一、二、三月　一條慎三郎「任師範学校教諭；俸給；勤務」（簿冊番号10050）などを参照。
(5) 台湾国史館台湾文献館所蔵『大正四年台湾総督府公文類纂　第七一巻永久保存第七門第四類　図書』（簿冊番号2411）。
(6) 一條慎三郎は高橋二三四（在任期間1896-1906、1907-1911）、鈴木保羅（在任期間1906-1908）、張福星（在任期間1910-1926）、入江好治郎（兼任、在任期間1910-1915？）に続いて5番目の台湾総督府国語学校の音楽教員であり、渡台した当初は台湾人の張福星を除き、国語学校唯一の専任教員であった。陳郁秀・孫芝君『張福星―近代台湾第一位音楽家』（2000、台北：時報出版）93-132および劉麟玉『植民地下の台湾における学校唱歌教育の成立と展開』（2005、雄山閣）33、61-62を参照。
(7) （無署名）「台北通信―公学校図画科唱歌科及び補習学校農業科の教材調査」『台湾教育』1933、370(5)：129-130。
(8) （無署名）「台北通信―公学校唱歌用歌詞の募集」『台湾教育』1933、370(5)：133。

(9) （無署名）「懸賞募集―公学校唱歌教材入選歌詞」『台湾教育』1933、374 (9)：169-174。
(10) （無署名）「台北通信―公学校用唱歌応募歌曲」『台湾教育』1933、376 (11)：136。
(11) （無署名）「台北通信・高雄通信―公学校唱歌教科書の出版」『台湾教育』1934、383 (6)：121。
(12) 旋律と歌詞の分析においては、主に山本華子「朝鮮植民地時代における学校唱歌研究―初等教育用唱歌集およびその所収唱歌の分析を中心に」（1992年東京芸術大学大学院音楽研究科修士論文）と岩井正浩『子どもの歌の文化史：二〇世紀前半期の日本』（1998、東京：第一書房）を参考にした。
(13) 明治期唱歌の出典を調べるには、国立音楽大学音楽研究所編『唱歌教材目録（明治編） 国立音楽大学音楽研究所年報第4集 音楽教育研究部門』（1980）及び同音楽研究所編『唱歌索引（明治編）―曲名・歌詞索引 国立音楽大学音楽研究所年報第5集別冊』（1984）が有効である。
(14) 例えば、加藤忠太郎「唱歌の歌詞につきて」『台湾教育会雑誌』(1906、49〈4〉：6-10) では「然らば音楽に於て観念の聯合をなす大なる役目をなすものは何であるかといふに、此即ち歌詞である。前にも言つた通り、楽曲其の者のみにても美的感情を喚起することを得れども、歌詞によりて一層の美感を与ふると同時に、徳性の涵養を（ママ）資くることの夥多なることを忘れてはならぬ」と述べているように。
(15) 岡本要八郎・三屋静「公学校の唱歌教授に就て」『台湾教育会雑誌』1902、6 (8)：25、31。
(16) 台南師範学校付属公学校『公学校教育の第一歩』1924、台北：台湾子供世界社、365。
(17) 前掲劉麟玉（2005）、149-151。
(18) 久住栄一・藤本元次郎『公学校各科教授法』1924、台北：新高堂書店、307。

【参考文献】（注以外、アルファベット順）
高仁淑 『近代朝鮮の唱歌教育』2004、九州大学出版会
閔庚燦『韓国における西洋音楽の受容―朝鮮総督府の音楽教育政策と日本洋楽の影響を中心に』東京芸術大学修士論文、1995
孫芝君「日治時期台湾師範学校音楽教育之研究」1997年国立台湾師範大学音楽研究所碩士論文
安田寛・赤井励・閔庚燦編『原点による近代唱歌集成 解説・論文・索引』2000、ビクターエンタテイメント

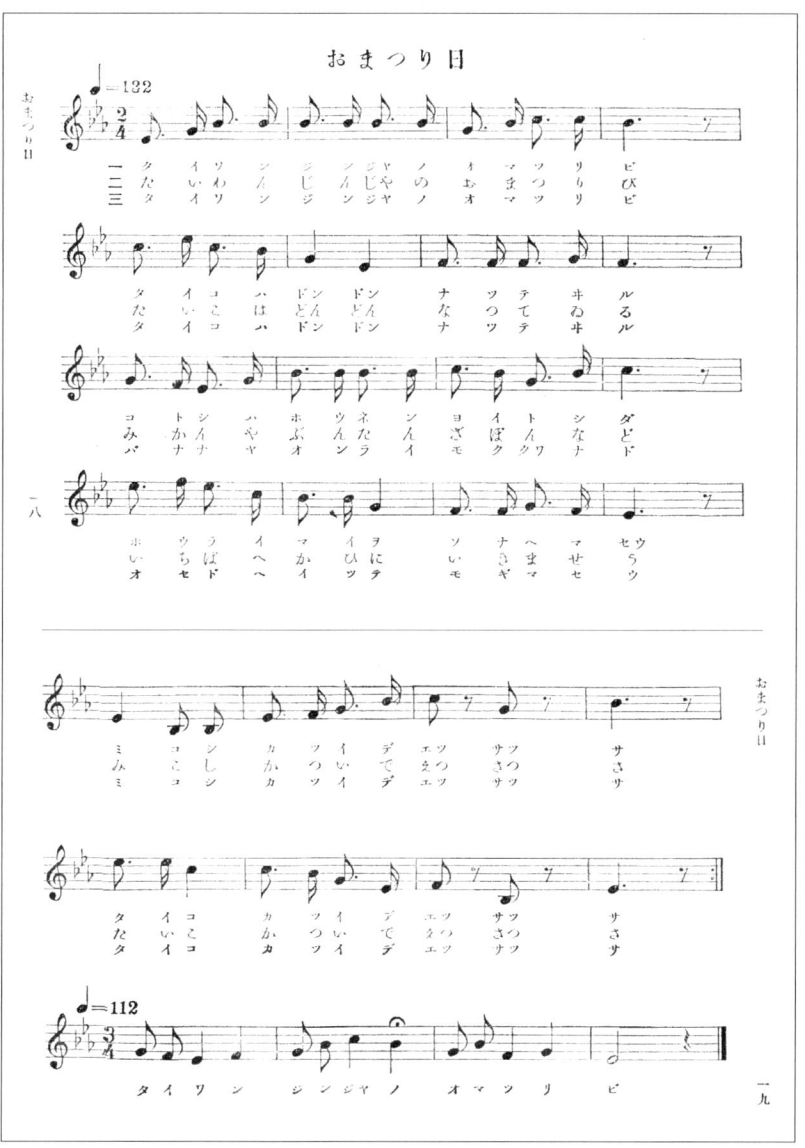

譜例1《おまつり日》(『公学校唱歌 第三学年』1934)

譜例2《カアレン》(『公学校唱歌　第一学年』1934)

譜例3《せんだん並木》(『公学校唱歌　第六学年』1935)

シンポジウムを振り返って

田中　寛*

　日本植民地教育史研究大会も第10回を数え、第一日目のシンポジウムでは「国定教科書と植民地教科書　比較研究の魅力と困難——教科書の政治・社会・文化」というテーマで、とくに科学・理科教育、芸術（音楽教育）に焦点を当てた問題提起があった。

　研究会では2006年度より文科省科学研究費補助金を受けて「植民地教科書の総合的比較研究——国定教科書との比較を中心に——」がスタートし、昨年のシンポジウムでは植民地の「国語」（日本語）教科書に焦点をあてた報告、研究交流がなされた。研究会の共有する関心として教科書の比較研究はその中枢に置かれるべき主要課題であり、教科書の詳細な内容分析を進めるにつれ、国定教科書との比較研究は避けて通れない作業となる。今回のシンポジウムでは引き続きその成果を検証することとなった。

　教科書という教化のための道具にまつわる人的、物的な還流は、おのずと教科書の内側と外側の問題を浮き彫りにせずにはおかない。すなわち、渡部宗助代表の「発題」の言葉を借りれば「教科書のなかの植民地主義」と「教科書を支配する植民地主義」の複眼的な認識である。そもそも「教科書」という存在は教本という以前に「教科」の「書」という性格を賦与された。そこに「国定」「植民地」という政治的、支配的イデオロギーの鎧がまとわれる。それぞれの植民地の歴史的、風土的、民族的性格を精査しつつ、教科書はさまざまな膨らみを獲得していった。「外地」の教科書が「内地」の教科書をいかに受け継ぎ、また発展させていったかは、一方で近代日本の政治的野心、社会・歴史観、文化観を凝縮するものとなった。この検証は高度な相補的、また学際的、国際的な研究の取り組みを必然的に取り込み、既成の教育史研究にも新たな視点を与

---

*　大東文化大学

えることになると期待される。

　研究会の目指す「アジアの信」を得るための研究、交流はまだ緒について数年しかたっていない。植民地教育史の魅力とはまた歴史的想像力を構築するための困難さにほかならない。そこには自ずと時代思潮と個々の人間の感情母体が交錯することになる。

　渡部報告では「国定教科書」の定義、植民地教育における位置、および行政にまつわる機構的解剖から、「内地」と「外地」の連環にふれた。次に国定教科書と植民地教科書の比較であるが、その「種類と範囲」をめぐっては射程が定めにくい。時代別、教科別の設定もさることながら、使用側（教師側）と生徒側の体系が存在するからである。前者には「教授書」「教授参考書」があり、後者には教科書のほかに「学習帳」などの副教材が考えられる。こうした総体を客観的に整理しながら全貌を観るにはいくつかの障害をともなう。さらに厄介なことには修正、訂正本の扱いがある。明示されているものもあれば記載が不明なものもあり、高次の文献学的考証が必要とされる。また、学校レベルの問題、著作権や引用、偽作などの内容の問題も存在する。渡部報告ではさらに「教科書の経済学」として、価格、発行部数への言及もあったが、これらの実態究明、また背後の人的還流なども見逃すことのできない歴史であろう。そこには多くの人々の生活、労働が政治、戦争とはまた別の意識の奔流のなかで根付いていたはずである。

　植民地教育における「理数」のあつかいはこれまでの「国語」（日本語）を主とした研究のいわば外に置かれ、空白にひとしい分野であった。岩崎敬道氏（武蔵工業大学）による「植民地教育史・教科書研究（理科）の目標と視点」の発表において、岩崎氏はまず植民地教育が内地での教育の実験的要素を（ある種の先進性）をもっていた、という仮説のもとに検証を進めていく。「内地」と植民地での教育制度、教科書制度、教科書発行部数の比較、さらに教科書の目次の比較、典型となる項目の抽出と教師用書の参照などがその手掛かりとなる。そこで明らかになった点は、自然科学的な記述の有無、すなわち学問的、教育的立場、精神的・文化的立場の識別である。学習のねらい、一般性と個別性、地域の特殊性を鑑みながら進めていくことの重要性が強調された。また「内地」向け、植民地向けという2分類だけでなく、植民地向け教科書にも現地人向け、日本人向けのものが存在したことは植民地教育の本質を検証するうえでも重要である。発表では生物分野を取り上げ、朝鮮、台湾地域の総督府編

纂教科書についての調査研究が紹介された。

次に劉麟玉氏（四国学院大学）による「台湾総督府出版公学校唱歌教科書の研究視点」と題する発表があった。すでに劉氏には『植民地下の台湾における学校唱歌教育の成立と展開』（雄山閣, 2005）があるが、報告では出典、歌詞の特徴、音楽的特徴について分析がなされた。教科書の編纂過程では1915年の『公学校唱歌集』、1934-1935年の『公学校唱歌』の紹介、教科書分析では歌詞分析の視点として、「自然類」「生活類」「国民精神類」「近代知識類」の分類にもとづき、国語教育との関連、旋律分析、台湾オリジナル歌の歌詞の特徴との比較において、郷土化の強調なども指摘された。

植民地教育は複雑な体系を有している。そこに施政者側の何らかの支配的な目論見がある以上、思想、生活習慣全般にわたる教科が意図されるからである。音楽はその意味でも「即興的」に、また「感覚的」に入っていきやすい性格を有している。

即興的、感覚的というのは、次のような場面から想起されることである。

　…兵隊たちは内地から来た本職の歌手の歌う軍歌には泣かないが、現地の即成歌手の歌う軍歌には涙を浮かべる兵隊が多かった。（中略）それは現地のマレー人やユーラシアンの歌姫たちが、兵隊のよく知っている内地の娘さんたちそっくりに歌うので、そのために思わず涙が出るのだろうと云った。（中略）長尾君は即成歌手たちに発音を仕込むとき、初めのうちはデング熱のかかっていたのに我慢して、九時から十二時まで、ぶっつづけにピアノを弾いて練習したそうだ。（井伏鱒二『徴用中のこと』）

こうした徴用作家の記録のほか、歴史小説にも描かれることがある。

　…ゲリラ兵たちは陽気な声をあげて日本兵に笑顔を向け、手を伸ばしてはおもねるように握手を求める。そのうちに、かれらはたどたどしい歌詞で「湖畔の宿」を歌い始めた。それは日本軍占領後特にセブ市を中心に流行していた歌で、現地人の間でもさかんに口ずさまれていた。歌が終ると、日本の民謡や童謡が次々に歌われ、松浦たちはなごやかな空気を乱すまいと笑顔をむけていた。（吉村昭『海軍乙事件』）

日中戦争時の宣撫教育においても音楽の浸透は一定の効果をあげたという記録がみられる。

　…県、新民会の職員に依って盛んに取り扱われているので、県城などでは児童など、我国の流行軍歌など実によく歌いこなしている。児童の日

本語発音は非常によいので、目を閉じて彼らの歌に聞き入る時は、戦地に在ることを忘れるほどである。最も普及している歌は。『愛国行進曲』である。(中略)これは日本語の歌が学校で教えられるのと、皇軍将兵の軍歌として歌われるのと、皇軍将兵との個人的接触の折りに教えられるのとに依って実によく普及されたのである。皇軍将兵が学校を訪ねると、教師はまず児童に『愛国行進曲』を歌わせ、親日的表現をなすのが例であり、またその他に児童が知っている日本語の歌があればこれを全部披瀝するのが常である。(後略)

　　(黒木一男「北支における都会地以外地区の親日初等教育の現状」
　　『東洋』第46巻3号　東洋協会　昭和18年3月)

　いずれ、こうした文学作品や戦時報告にどのように記録されているか、といった検証も俟たれるわけであるが、卑近な例を見ても、年配のかつて日本語を学んだ(学ばされた)世代の記憶にある日本語の歌詞、メロディーはまたもう一つの日本的感情の洗礼であった。
　劉氏の発表では音楽のもつ教育的効果を検証し、旋律、歌詞のもつ語義的な性格、同時に授業形態についての特徴にも触れられていたが、外地と内地(日本国内)との音楽教育の形態的な相違なども今後の課題のひとつとなろう。
　発表ののちのフロアーを含めたディスカッションではいくつかの作業、方法論についての確認がなされた。
　音楽のもつ感性的教化と対極にあると思われるのが科学・理数科教育である。これは理論的な構築を背景に近代日本という科学技術立国を喧伝するための思想道具となりうる。とくに西洋技術に対抗して、脱植民地化を担う日本の植民地政策において日本の科学技術、理科教育の水準を示すことは重要な施策となった。岩崎氏の発表は現地の実情に即した実学的な教導の意義について再検証するものであった。戦後の理科教育にも大きな影響を残しているという指摘は、植民地教育の根本的な意味をも問い直すものであった。
　戦争終結後、植民地教育で使用された修身(道徳)、国語(日本語)の教科書は植民地教育の記憶の象徴として葬られたが、地域によっては理科や化学の教科書は保存の状態が比較的よいと言われる。だが、その性格や特徴は必ずしも正確に把握されていない。また、国内の理科教科書とどこがどう違うのか、といった現地に適応した再編の背景なども検証していく必要がある。この度の教科書比較は通時的視点と共時的視点が交錯するところに真の研究成果が求め

られる。各方面の学際的な研究が必要であることも言うまでもない。

なお、「内地」にはない実験的要素、先進的要素という視点については、外国語教育、さらには戦争医学についても言われることであるが、植民地教育の現実を考える意味で精密に実証されるべき要目であろう。フロアからの複数の質疑にはこうした観点をさらに精緻な分析に期待するものであり、とりわけ岩崎氏の発表では日本の近代科学が西欧出自の性格から日本独自色をどのように打ち出しつつ、どのように「外地」と「内地」とで懸隔、差別化がなされ、教化の側面を支持していったかを今後、さらに明らかにしていく必要がある。また、劉氏の発表では情操教育のもつ本質をただ感性、美意識の問題として捉えるだけでなく、社会・歴史としてどのように同等的な、あるいは主従的な位置づけ、意義づけがなされたかを問い続けなければならない。教科書をとりまくさまざまな人的、物的な還流構造もまた、「教科書を支配する植民地主義」の今日性を再認識させるものである。たとえば、海外、とくにアジアで教育に従事し、日本語をはじめ教科書編纂に協力する人たちの意識と方法論において。

今次大会の開催にあたっては、宮城学院女子大学の宮脇弘幸氏に多大なご尽力をいただいたことに厚くお礼申し上げたい。研究会にも新鮮な研究テーマを指向する若い世代の新会員が着実に増えつつある。今後の会の運営についても活発な意見が交換された。この有意義な成果を更に次回の大会シンポジウム、研究会の活動、研鑽につなげていきたい。

Ⅱ．研究論文

1937年以降における台湾人初学年生徒用の国語教科書について

陳虹彣*

はじめに

　1937（昭和12）年に、台湾における第四期の国語教科書『公学校用国語読本』は巻一、巻二が発行された。当時の編修課長三屋静は、新読本を発行する二つの理由を挙げている[1]。一つは、十数年使用されていた第三期の国語読本は不適用になっていたこと。もう一つは内地の「小学読本も目下改訂されつゝあるのに鑑みて根本的に大修正の要が認められて来た」ことである。
　新しく編纂された第四期の台湾国語教科書は内地の国定教科書改訂に歩調を揃え、国定教科書の編纂様式に近づきながらも、台湾の風土に合わせて様々な改革と試みが行なわれた。特に初学年の読本は当時の国定本と同じように色刷にしたものの、教材の排列とその内容については国定本と違う編纂手法が取られていた。本研究では、新たに発見した編修側の編纂要旨、師範学校や公学校の教師による教科書編纂に関する会議記録や教材研究などを用い、この1937年以降の台湾人初学年生徒用国語読本に現れた編纂手法の変革を明らかにする。

一、国定国語教科書からの影響

　1937年以降の台湾国語教科書編纂の変革に深く関与していたのは編修官の加藤春城（後の編修課長）である。彼は新領地台湾の生徒を相手に十数年間教育を施した経験を持ち、日本語を外国語として教える方法を、内地の国語

＊　東北大学大学院教育学研究科博士課程後期修了

教育方針と対照・比較することができた。さらに 1942（昭和 17）年以降台湾以外の占領地での日本語教科書審査・編纂をも経験した彼は、「教科書の編纂も、実際の指導も、最も骨が折れて、最も影響が大きいのは初歩の段階」という思いを強め、また「原則として日本語教科書は各地各様のものを編纂すべきであるといふのが、私の終始変らない信念である」と自分の考えを示した[2]。

　第四期国語教科書巻一と巻二の編纂要旨において、加藤は 1937 年に発行された文部省図書監修官井上赳の『小学国語読本編纂史』での井上の発言に対する共感を示し、そのまま外地での国語読本が国定本の編纂様式を模倣するのは妥当ではないとし、第三期旧読本の様式を踏襲することもしていないと説明している[3]。ただし、編纂の全体的な論理的基礎となる児童心理の尊重は国定本から継承している[4]。

　結果として、第四期の国語読本は国定本と同じように巻五まで色刷となり、漢字総数、仮名使い、字体、発音、標点記号などの技術上の事項も国定本と同様、或はそれに近い編纂基準を取ったが、もし日本語が殆ど喋れない台湾人の一年生に対し、最初から国定式の律語を取り入れ、国定本と同じ教材を採用していたとしたら、効果は期待できなかったであろう。生徒たちの心理要求を重んじれば、如何に幼い一年生の学習興味を保たせるかということがポイントであるため、編修課は台湾の事情に適応して最初から全頁の挿絵にし、単語から始まる教材排列法を保留するなどの工夫をしたのであった。このように、児童の心理を尊重し、各地の条件に合わせて作るという初学年国語教科書編纂の基本理念は、台湾の国語教科書と国定本との最も大きな編纂上の相異を生むこととなった。

二、新しい編纂手法の採用——全頁の色刷挿絵の使用について

　加藤が作った初学年の国語教科書には、最初の六課の教材に全頁の色刷挿絵を使うという大きな特徴がある。色刷に関しては、前述したように国定本から影響を受け、模倣したものであるが、国語読本において巻頭から全頁の大きい挿絵が採用されたことは、大きな変革であった。その発想の源や具体的なアイディアの形成過程を辿ってみたいと思う。

（一）1933（昭和8）年の「全島各師範学校附属公学校読み方打合会」

　1933年年初に、「全島各師範学校附属公学校読み方打合会」が開催された。読み方打合会といっても、実際の議論内容は読み方に限らず、国語教育をめぐる各方面の問題も提起されている。会議後、その議事記録は『台湾教育』において十回に分けて掲載された。その第十回の会議記録で、当時使われていた第三期の国語読本に関する議題が論及されている[5]。総督府編修課側と各師範学校の関係者により、その教材上の問題及び修正意見などが述べられており、加藤編修官も編修課の代表として、各師範学校代表の質疑や意見に応じていた。殊に、この会合で初学年段階の挿絵の問題は加藤編修官と各師範学校代表者との争論の焦点となり、その後の第四期国語読本における全頁挿絵の採用に深く関わることとなった。

　1933年の初め、打合会が行われた当時、編修課においてはまだ新しい国語読本を編纂する計画はなかった。ただ、十年近く使われてきた第三期の『公学校用国語読本（第一種）』の内容を実生活の変化に合わせて修正する議題が出ていた。正式な議題としては台北第二師範学校から「二一、国語読本に関する修正意見を伺いたい」及び台南師範学校による「二二、国語読本の教材につき修正意見を承りたい」との二つの質問があった。会議の最初に現在の修正意見を聞かれた加藤は、「臺東だより」のような現実の状況とは違っていた教材の内容の修正を考えていたが、現読本で修正する場合は、差し替えできるようなまったく同じ長さの別の教材を用意することの困難をも語っていた[6]。

　加藤の回答の後、各師範学校からの修正意見が述べられている。まずは、台北第一師範学校（以下一師）の教員代表山田からの意見と指摘[7]があった。一師が提出した意見は特に初学年の教材問題に重点を置き、挿絵の問題にも触れている。

1、教材の内容について、できれば「話本（話方用）のようなもので趣味のあるものがいい」、「合科的」教材としても使えるような教材が望ましい。

2、第二の要望は「挿絵を多くする」こと。「<u>字などははじめから入れないでもよいのです。色でもつけてもらへば尚よいのです</u>（下線は陳、以下同）」。

3、教材の配列について、文字の提出順序と提出回数を均等にしてもらい

たい。
4、難しい漢字をできればなくすように。例えば、阿仁の「阿」など台湾人名用の字は日本語にもなく、削除してもいい。
5、生活化の教材が望ましい。例えば敬語が多すぎるようである。親しみのある言葉がほしい。

一師の提案に対し、加藤は<u>一年生最初の六週間の授業は読本を使わないこと</u>を強調し、母語が日本語ではない台湾人生徒には「はじめから話本にするのは不可能だ」と述べ、また「<u>文は出さないにしても内容をもつた絵を了解させる様に要求することは六つかしい事</u>」だと反論した。即ち、1933（昭和8）年段階の加藤にとっては、字を使わずに挿絵だけを出す発想はまだなく、むしろ挿絵を多くすることに異議を唱えていたのである。

さらに、一師の意見に反論した後、加藤は次のような発言をしている[8]。

1、挿絵を使う手順について、「直観させて単語を授け簡単な発表形式を授けて後にはじめて内容のある話をするのが順序」であり、最初から文や意味を持った挿絵を使えない公学校では、このような順序が適切だと加藤は主張した。
2、教材問題について、加藤は「生活を中心にしていへば、教材を段階的にすれば今の本の様なものになる」と言っている。しかし、「公学校では本によつて日常の言葉を習得させるばかりではなく、現代の文化にふれさせるといふ目的も持つてゐる」と説明し、国語読本は「読む目的のみの読本でなく、公学校小学校教育の教材を提示したものであるから、話方といふ様な形式で編んで行くといふ事はどうでせうか」と提示している。つまり、加藤は読方と話方の両方を兼用できる読本が理想だと考えていた。また、完全に生徒の生活を中心に編纂すれば、現在の読本と同じようなものになってしまうから、日本の「現代の文化」を取り入れること、即ち読本の「日本化」「内地化」も考えていたと指摘できよう。
3、挿絵のことについて、「<u>絵の事は今後大いに立派にしたいと思つてゐます</u>。着色の問題は数枚位入れることは出来ると思ひます」と宣言していた。

しかし、同じ挿絵の問題に対して、各師範学校からの指摘は途絶えなかった。台中師範学校代表の三木からは「概念的ではなく、実際、真実に迫つた挿絵が

ほしい」との意見が述べられている。ただし、ここまで来ると、加藤はもう前に十分に自分の考え方を述べてしまったと思っていたのか、他に何か考えがあったのか、再び挿絵問題に反論することはなかった。

　この会議記録によると、各師範学校には挿絵に対する意見や不満がかなりあるようであった。当時の加藤の理念も、まだ具体的な形になっていなかったようである。実際、この会議で加藤自身と各学校代表が指摘した修正すべき教材箇所は、筆者が各年版の国語読本を確認したところ、殆ど修正された痕跡がなかった。もはや、数箇所においての修正を行うより、時間的な条件をも考えると、全面的に新しい国語教科書の編纂計画を立てるしかなかった可能性が高い[9]。

(二) 全頁挿絵教材の採用へ向けて

　会合当時の問答の内容と加藤の態度からは、当時編修課において国語読本の改訂や編修に関する事務について、加藤が相当の決定権を持っていたこともよく見て取れる。この会議において各師範学校によって指摘された内容を、当時の加藤は受け入れることはなかった。むしろ、編修課の立場を守るために、強気で反論する姿勢を取っていた。しかし、会議中挙げられた各面からの意見を総合してみれば、加藤が作った第四期の国語読本の重要な特徴の殆どがそちらに含まれていたことがわかる。ではもし、この会議での議論の後に、加藤が真剣に初学年の挿絵教材に目を向けるようになり、初学年の教科書編修のヒントを得たのだとしたら、その後のどのような影響要素が加藤の考え方を大きく変化させたのであろうか。

　1933（昭和8）年段階の加藤春城はただ「挿絵を立派に大きくしたい」としか言わなかったのであり、全頁という考え方はまだなかった。編纂要旨によれば、加藤は全頁挿絵を採用した一番の理由を、まだ学習の要領がわからない準備期間中の生徒に学習への興味を持たせるための配慮であるとしている。つまり、「初歩の国語教授に必要な児童の興味をそゝる材料を提供する」ような教科書ならば、日本語のわからない児童の心理要求をも満たすことができると考えて、全頁の挿絵を取り入れたのであった[10]。

　加藤がこの配慮に至った契機には、前述した各師範学校からの意見以外に、二つの可能性がある。一つは、公学校修身書の編纂経験である。もう一つは、

1935(昭和10)年の朝鮮視察である。まずは台湾公学校用の修身書(第一種)について見てみよう。この修身書の編纂は、加藤春城が専任編修官に就任してからの最初の大仕事である。1928(昭和3)年初版の第一学年用修身書巻一の場合、国定修身書と同様に文のない色刷挿絵から始まっている。「1 ガツカウ 2 ジコク ヲ マモレ」から始まり、教材の題目は書かれているが、それ以外の文字はなく、題目と挿絵のみで構成されている。そして、「19 シマツヲ ヨク セヨ」から片仮名で初めて文章があらわれている。修身科の授業では教科書だけでなく、礼儀作法などを描いた掛図も使われていた。台湾の公学校の教科書において、文を使わずに全頁の挿絵を使ったのはこの昭和初期に作られた修身書が最初であろう。加藤が第四期の国語教科書に全頁の挿絵を使ったのは、日本語の出来ない台湾人生徒に直感で挿絵を見て反応してもらい、教員の引導で発音や話方から日本語を覚えさせるためであった。初学年の修身書に全頁挿絵を採用したときには、徳性や礼儀作法を学習させることが目的であったが、その経験が国語読本を編纂する時の参考になったことは間違いない。

　もう一つ参考になったのは、1935(昭和10)年に加藤が新しい国語教科書の編纂計画のために朝鮮を視察したときの、朝鮮普通学校用の国語教科書であろう。当時、朝鮮で使われていたのは1930(昭和5)年から使われ始めた第3期の『普通学校国語読本』であったが、その巻一の1頁から6頁までの教材はすべて全頁の挿絵であった[11]。

　このように、加藤は編修課において各師範学校からの修正意見を聞いただけでなく、自分自身修身書編纂の際に全頁挿絵を採用した経験を持ち、さらに1935(昭和10)年に新国語読本編修のための朝鮮視察で、『普通学校国語読本』という巻頭に全頁挿絵の使用例を見ていた。これらの経験や台湾人生徒の実際的な必要を含めて考えたからこそ加藤は、<u>新入生に授業の受け方や簡単な話方を教えるだけの準備教育期間を六週間から二週間に短縮するねらいで</u>[12]、<u>国語読本での色刷全頁挿絵の使用に至った</u>のであろう。とすれば、全頁挿絵の編纂手法自体は台湾での独創的な発想ではなかったが、ともかく台湾の国語教科書について言えば、最初の教材として、文や単語を用いず挿絵だけを使うことは、加藤の手によって実現されたのであった。

三、初学年における政治性教材採択の可否について

　大東亜共栄圏が提唱される中での外地における教育の実施と教科書の編纂において政治性を持つ教材をどのように教科書に取り入れるかという問題は、当時よく議論されていたようである(13)。加藤の主張は、もし指導法を直接法によるとすれば、政治性教材の取入れは「初歩の教科書であまり問題にしなくてもよい位なものである。ただし、教科書に現れてゐないでも指導者が確固たる理念を持ってゐなければならない」というものであった。
　つまり、加藤は初歩の教材に「政治性」は持ち込まなくてもいいと主張している。よって台湾の初学年読本において、戦争や軍事教材を取り入れるより、児童が好む色刷全頁挿絵と親しみの持てる生活教材を採用することができたのである。その後、発行後間もなく第四期の国語教科書を国民学校用の新教科書へ切り替えなければならなかった時にも、戦火が広がり資金が不足する中、新しい国民学校の国語教科書の巻一巻二の殆どに新内容と新しい挿絵が使われることとなったのである。

四、第四期『公学校用国語読本』巻一・巻二の編纂

　台湾での国語教科書の編纂は、第四期の国語読本になると大きな変化が現れた。挿絵の描かれている表紙や、教材分量の増加、巻一からの色刷の挿絵の採用、そしてその最も目立つ変化は巻一読本の最初に現れた全頁の色刷挿絵と、巻一・巻二での課の区別も教材題目も付けない編纂手法である。

(一) 編纂構想の形成

　加藤の記したところによれば、第四期の読本編纂において「最も頭を悩ましたのは巻一をどんな体裁にするか」ということである。加藤は巻一の体裁を考えるときに、三つの大きなポイントを持って思案していた(14)。
　第一のポイントは国語教授上の使用時期の決定である。初めて正式に日本語を学ぶ台湾人生徒を対象にし、最初の国語教材となる巻一はいつから使わせればいいのか、どのような教材ならば興味を持ってくれるのかなどの問題を、編

修側は考えなければならないのである。今までの場合入学してくる生徒に読本なしにまず学習用語と訓練用語を教え、簡単な話方が出来るようになってから、概ね第七週目から読本を使った文字の教授が始まっていたが、今度の新読本では、最初から全頁挿絵を使用することにより、生徒が訓練用語などに慣れる第三週目から読本を使えるようにと、編修側は企図していた(15)。

第二のポイントは教材の使い勝手と利用方法の問題である。前の点と同じように、台湾人生徒を教えるときには、相手は幼い児童でもあるため、出来れば親近感を持ってもらえるような、日常生活に現れる事物が教材として望ましかった。その上、読本の教材は単なる文字や単語の教授用に止まらず、発音や話方などでも使えるようでなければならないのである。そして、最後のポイントは教材の配置、仮名の使用といった言語学習上の問題である。この点については内地小学校の程度ばかりを目標とせず、台湾公学校各学年生徒の学習心理に合わせようとしている。もちろん、これら三つのポイントは巻一だけではなく、第四期国語読本全体の編纂基準ともなっている。

(二) 全頁挿絵の採用とその取扱いについて

前にも述べたように、全頁挿絵の採用には、幼い生徒が退屈しないようにしつつ早く読本を使わせたいという気持ちが込められている。巻一の最初の六頁の挿絵については、加藤は「興味ある初歩の話方練習の資料として提供したもの」だと述べている(16)。この六つの教材の具体的な取り扱いは各学校に任せるとしながらも、加藤は編纂要旨において編修者としての考えを表1の通りに詳しく説明した。

表1　第四期国語読本巻一全頁挿絵六課の主旨と指導要領

巻数	課数・教材主旨		指導要領
巻一	第一課	朝会の風景	語法の排列に拘泥せずに、簡単な事物を述べる表現から、簡単な動詞までを直接の身振りによって指導する。
	第二課	色鮮やかな花畑風景	形容詞と形容動詞の使用
	第三課	庭で鯉を見る男女児童	所有格の使用
	第四課	家族	児童の想像力を働かせ、挿絵の内容について述べる練習をする。
	第五課	農家の庭先と家畜	総合の話方の練習
	第六課	飛行機をみる親子	総合的な話方練習

説明:「公学校用国語読本巻一、巻二編纂要旨 (中)」(17) に基づき、筆者が作成。

ここで加藤がくり返して強調したいのは、これらの挿絵を従来の教授順序に拘泥せずに使用すること、そして、幅広く活用することである。編集者の考え

は一つの参考として提出されたのであり、大切なのは各教育現場の教師が生徒たちの必要に合わせて教授することであった。なお、この六つの教材のなかで、第一課の「朝会」だけは「国風に親しませ、国民精神に浸潤させる」ための教材だと記されている[18]。

(三). 詳しい教材の分別と指導要領

巻一・巻二の教材は課の区別と教材題目がないため、編纂要旨において編集者は便宜を図り、概ねの区別をつけて説明を行なった。その内容は右の表2の通りである。これによって、巻一と巻二の具体的な構成と編纂目的がわかる。

(四)「国語対策協議会」前後の教材要旨に現れた変化

1939 (昭和14) 年6月20-22日に、日本内地以外の領土や占領地の国語教科書のために国語対策協議会が開かれ、台湾の教科書編纂にも大きな影響を与えた。当時台湾の第四期教科書は巻六まで出され、巻七・巻八はまだ編纂中であると加藤は報告した。会議の後にすぐに出された巻七以降の第四期国語教科書の教材構成によると、国防や軍事教材の分量は倍ぐらいに増え、明らかに軍部の意見をもりこんだ軍国調の内容になった。

ただし、最初に戦争要素の影響が現れたのは巻七以降の読本ではなく、それ以前に加藤が執筆した編纂要旨においてすでに変化が見られていた。加藤春城が書いた編纂要旨には、教材内容だけでなく、各教材が持つ意味や目的が記されている。そのなかの飛行機に関する教材の編纂要旨において、違う時期に書かれた違う巻の指導目的の間で、興味深い変化が起きているのである。

巻一の教材情報をまとめた表2を見てみよう。巻一の第三十七課 (43頁) には飛行機に関する韻文が置かれている。この教材は遠く飛び去る飛行機が爆音を発して快翔するのを聞き、児童がその姿を見つめて、自然に「ヒカウキハヤイ」と感嘆する様子を描いたものである。この1937 (昭和12) 年6月頃に書かれた編纂要旨では、加藤はこの教材について、何よりその自然な反応に子どもは共鳴してほしいと述べている。このときには飛行機という題材が持つ戦争のイメージや軍事的な意味に一つも言及していなかった[20]。

しかし、2年後の1939 (昭和14) 年6月頃 (同月20日頃に国語対策協議

表2　第四期国語読本巻一教材の分別について

巻数	課数・教材主旨	指導要領
巻1	7（9頁）・ハナ　ハチ	文字を教える第一課。掛図と併用して正確に練習させることと、話し方の練習の材料として使うことが大切。
	8（10頁）・タコ　イト　コドモ	文字教授以外、話方の材料でもある。
	9（11頁）・アタマ　チ　アシ	文字教授・身体名称の練習。
	10（12頁）・クサ　キ　タケなど	文字教授。
	11（13頁）・ハト　ハシなど	挿絵による既習文字の練習。
	12（14頁）・アメ　ミノなど	文字教授・はきものや被り物名称の練習。
	13（15頁）・スミ　ト　スズリなど	句の教授。
	14（16頁）・シロイ　イヌ　など	形容詞を付けた句の教授。
	15（17頁）・トリ　ノ　スなど	所有格の練習。
	16（18頁）・シカ　ノ　ツノ	興味のある材料を採用。特に意味なし。
	17（19頁）	既習文字の練習。
	18（20頁）・ホン　ガ　アリマス	初めて文を使用する教材。
	19（21頁）・三つの文	助詞「モ」の出現・話方の練習。
	20（22頁）	話方と読方の綜合練習。
	21（23頁）	前読本のまま。
	22（24頁）	前読本のまま。挿絵は改善した。
	23（25頁）・ヘイタイサン　ガ　キマシタ	兵隊を尊敬し、親しむ念を起こさせたい。
	24（26頁）・渡船の風景	児童が登場し、親しみを感じさせる。
	25（27頁）・韻文	前読本のまま。
	26（28・29頁）・兄弟の絵	前読本のまま。
	27（30頁）・糸瓜	韻文。充分誦読させて国語の調子に慣熟させる。
	28（31頁）・お月様	敬体の韻文。
	29（32頁）	前読本のまま。挿絵を少し変えた。
	30（33頁）・カタツムリ	韻文。前読本のまま。
	31（34頁）・雨の風景	微笑ましい風景を児童に共感させる。
	32（35頁）・金魚を買う	拗音が現れた。
	33（36・37頁）・七夕の行事	日本の伝統行事を通して国風に親しませる。文部省発行噢唖学校国語読本から取材。
	34（38・39頁）・五十音表	夏休みまえの復習。
	35（40・41頁）・サマヲサンの住居の有様	夏休み後の第一課なので、出来れば休み中の子供の一日の生活を材料にできるよう。
	36（42頁）・バスの車内の光景	生活との連結。
	37（43頁）・飛行機の韻文	飛行機が発した爆音に対する児童の自然な反応を表現することができたので、子供にも共鳴してほしい。
	38（44・45頁）・縄跳びの光景	漢数字の導入。
	39（46頁）・ザボンを数える	漢数字の練習。
	（47頁）・ザボンを伯母さんのうちへ持っていく	会話の練習と礼儀の指導。
	40（48頁）・アヒルに餌をやる光景	現在完了形の表現。
	41（49頁）・お宮へお参り	神社崇拝の念は児童の時からしっかりと脳裏に刻みつけたい。神社参拝の作法なども指導してほしい。
	42（50・51頁）・濁音半濁音表	表と挿絵による練習。
	43（52・53頁）・ハナコサンと家族	話方の指導。
	44（54・55頁）・カクレンボウ	興味の教材。
	45（56・57頁）・伯父さんの来訪	常体と敬体の使い方。
	46（58・59頁）・大榕樹下の風景	台湾南部平野に良くある風景。助動詞の活用。
	47（60・61・62頁）・魚釣り	都鄙共通の話方読方の材料。
	48（63頁）・空飛ぶ鳶	鳶が空を舞う姿を児童に伝える詩。
	49（64・65頁）・兎と亀の話	前読本とほぼ同じ。
	50（66・67頁）・親子蛙と牛の話	語句の練習。
	51（68・69・70頁）	童話。話方や談話、演劇に活用してほしい。

説明：『公学校用国語読本巻一、巻二編纂要旨　（中）、（下）』(19)によって筆者が作成。

会が開かれた)に書かれた巻五と巻六の編纂要旨によれば、国民常識教材とされる「十　モケイ飛行機」という教材は科学常識の基礎として、又進歩的な交通機関の知識を与えるために必要な教材であり、「飛行機は今日国防上重要な役目」を負い、「『日ノ丸』『愛国ツバメ』によって国家と飛行機の関係を示唆」し、「交通用、軍用その他の用途について一通りの智識を授けて置きたい」と書かれるようになった[21]。

さらに、巻一から巻四の編纂要旨を一通りチェックしてみると、軍隊や戦車、飛行機などの教材であっても単なる国勢の宣伝という意味で、国民精神を涵養する点が強調されたのに対し、巻五・巻六の編纂要旨になると、一般の教材でも国防や軍力との繋がりが強調され始めたのである。

五、第五期国民学校の国語教科書編纂について

1941(昭和16)年に台湾での初等教育機関は初めて内地の小学校と同じように「国民学校」と呼ばれるようになり、教科目の編成も内地に近づいてきた。ただし、国語の普及と深化によって台湾人を本当の日本国民にするのに時間が必要だと考える加藤にとって、教科書の内容まで全く同じようにするにはまだまだ程遠かった。むしろ、教科書の編纂形式や指導方法を国の目標に向けて設定し、国民精神の涵養や国語醇化などの機能を一層強めることを考えたのである。

台湾の国民学校用国語教科書の「編纂趣意書」は作成されていたが、その原本は未だ発見されていないので、関連の参考資料によって趣意書の一部内容を明らかにした[22]。以下の論述もそれらの資料を引用しながら進めたいと思う。

(一) 国定国語教科書のタイトルとの異同について

国民学校に移行して以降、『ヨイコドモ』『カズノホン』『エノホン』『ウタノホン』『テホン』『初等科国語』などの教科書はすべて文部省発行の教科書と同じ名称であるのに対し、台湾の国民学校初学年の『コクゴ』は違う名称で発行されている。

公学校教師松本和良の考察によれば、その理由は二つある[23]。一つは加藤

も主張していた国語教科書は「機能的な綜合読本」であるという前提に対する考慮である。新国語教科書は読方の読本であるだけではなく、話方、綴方、さらに「音声による発表力や聴解力をも錬成しなければならない」ため、『コクゴ』という名称は適切だというのである。

　もう一つの理由は台湾の国語教育の特殊性を考慮した結果である。第五期国語教科書の編纂において編修課は、皇民錬成の徹底を求め、内地と同様に国民学校となったことで、再び「一視同仁」という理念を提起することを目指した。第五期の国語教科書も確かに国定本により一歩近づいていた。しかしながら、加藤は「今や（台湾の）国民学校が皇国民錬成の温床であり、道場であり」[24]と述べ、国定本の低学年の「ヨミカタ」に対し、台湾の方は皇国思想を込めて「コクゴ」と名付け、植民地台湾が背負わされるべきとされる戦争に対する責任を、教材を通して子どもたちに伝えようとしたのである。

（二）音声言語と文字言語の指導について

　当時、内地の国民学校の国語教科書においては、音声言語と文字言語の訓練を両方とも同じくらい重要視しないといけないとされている[25]。しかし、台湾の場合は国民学校での国語教育は基礎の発音から徹底的な訓練を行うことによって、国語の醇化を求め、皇国民の錬成を目指しているので、それだけ一層従来より発音の指導、即ち音声言語の指導の重要性も大きくなっていた。従来、公学校での国語読本の使用が読方に偏り、音声言語を軽視していることは、台湾の教育者が共通に指摘している点であり[26]、加藤も外地の国語教授で最も心がけるべきなのは、初学年からの発音指導であると公学校教諭時代から強調し続けてきた[27]。

　編纂趣意書には、このような音声言語と文字言語の問題に対して、編修課の意向を「（前略）二号表、三号表の国民学校に於いては、学齢児童の多くが今尚家庭なり社会なりから国語を学ぶ機会が少なく国語としての語彙、表現様式を殆どもたないといつてよい。かやうな児童に対し皇国民錬成を目標として、入学当初から国語科はもとよりすべての学習を国語を以つて行つてゐるのであるから、音声言語指導が文字言語指導に先んじて行はるべき理由が更に加はるのである。こゝに於いて二号表、三号表の国民学校の音声言語の習熟を図るといふことは、単に国語指導の責務を果すものであるといふやうな狭小なものでなく、実に国民学校教育の徹底を期する上に重要なことである。この点に鑑み

本島に於いては夙に音声言語指導を重視してゐる」[28]と、述べている。

最後には、「文字言語の指導は単に国民科国語の指導として重要であるのみならず、すべての教科科目の指導上その役割の重大であることを銘記しなければならない。故に国語指導に於ける音声言語、文字言語の指導は互に相倚り相俟つてその効果を完うすべきものであることを忘れてはならない」と、両者兼備の重要性を強調したが、最初の段階においては音声言語の訓練を優先する方針が明示されている。

(三) 教授書の編纂・発行

国民学校国民科国語の教科書編纂は、徹底的に日本皇国の国民を錬成するために、従来と異なり、『コクゴ』・『初等科国語』などの教科書だけでなく、それを使って教授する教師に対する実地指導も大きな役割を果すべきだと設定されるようになった。よって、第五期の教科書から総督府編修課によって初めて全巻の教授書が刊行され、「国民科国語」が担う精神教育の機能を教師への指導を通して徹底させようとしたのである。

教授書を発行するという方針は、おそらく内地の国定本と同じような体系を取ろうとして決めたことである。国定本の編修者の一人である西原慶一によれば、国民学校国語教科書は従来と異なり、「教科書、コトバノオケイコ／ことばのおけいこ、教師用書（各巻）」の三部制になっていた[29]。しかし、戦時下の用紙事情に影響をうけ、当時国定本の練習本や教師用書の類の本の出版が抑制され、殆どは初版だけの発行となっていた[30]。台湾の場合は、総督府による用紙などの資材の供給は1944（昭和19）年頃戦争が苛烈になっても豊富であり、印刷技術や機材なども揃っていたため、編纂は内地より遅れていても、教授書まで予定どおりに発行されたのであった[31]。

六、『コクゴ一』における教材の変化

(一)『コクゴ一』の全頁挿絵

第四期国語読本が発行されて間もなく新たに編纂された国民学校の『コクゴ

一』は、その教材内容と挿絵は旧読本からそのまま採用することはなく、一部の教材以外、殆ど新しい教材で編纂されている。特に全頁挿絵の部分は全部新しい教材であり、その内容は表3の通りである。

表3 『コクゴ一』と旧「公学校用国語読本」の全頁挿絵について

教材順	『コクゴ一』全頁挿絵教材主旨	旧読本巻一の全頁挿絵教材主旨
第一課	先生と生徒（児童の身体にあるもの）	朝会の風景
第二課	動物	色鮮やかな花畑風景
第三課	始業前の学校	庭で鯉を見る男女児童
第四課	教室内に於ける学習	家族
第五課	運動場に於ける遊び	農家の庭先と家畜
第六課	学校の近く（農家を中心とした田園風景）	飛行機をみる親子
第七課	私どもの町	空中から見る農村の風景

説明：松本和良、『低学年の国語教育（上）』、p.59をもとに筆者が作成。

『コクゴ一』に出てくる挿絵の取扱いについて、『コクゴ一』教授書の総説の「表現様式」についての説明には、「巻頭の絵画だけの教材につき、その課に於いて指導すべき表現様式を掲げた。これは入学当初から国語を指導する場合には単語を指導するだけではなく、常にかうした表現様式を指導する心構へと目標とを示したもので、指導を散漫に陥らしめないやうにするための用意である[32]」と記されている。

さらに、編纂趣意書によれば、その「取扱に際しては、画面の全部に亙つてすべてを取扱ふ必要はない。児童の興味を引く主要なものについて取扱ひ、その間に大体予定した語句、表現様式を児童の必要感より発する生きた言葉として指導すべきである。又一通り指導した後に於いても必要に応じては反復取扱つて、音声言語指導に資することが大切である」とされている[33]。この10頁の挿絵教材の指導目的は表4のように説明されている[34]。

表4 『コクゴ一』の全頁挿絵について

教材順	教材テーマ	指導目的
第一課	先生と生徒	児童の身辺にある諸物の名称を授け、簡単な表現様式を指導する。
第二課	動物	挿絵にかかれている動物は日常生活に縁の深いものであり、その名称を授け併せて簡易な表現様式を指導するのが本課の目的である。
第三課	朝の学校	登校した時の礼法の指導と共に言葉を授け、簡易な表現様式を指導するものである。
第四課	教室で	教室内の事物の名称と簡易な表現様式を指導し、学習態度について適当な躾をするのが本課の目的である。
第五課	運動場で	挿絵は数多い遊びの中から石けり・ボール投げ・遊戯などを選んで書いてある。この頃の一年生にはこうした遊びはややむづかしいのであるが、教師が中心となって遊びを指導し、それに即して国語を習得させるのが本課の狙いである。
第六課	春の田舎	農家を中心として田舎の風景を描き、諸種の乗り物を配している。これによって語彙をひろめ、表現様式の習熟を図るのが本課の目的である。
第七課	天長節	本課は農山漁村の天長節当日の光景を表わしたものである。学校の儀式を中心として、天長節の行事の実践方面の躾と共に国語を指導し、忠君愛国の念を培うことが本課の目的である。

説明：『コクゴ教授書一』によって筆者が作成。

松本はこのような構成は旧読本とは違うとし、「学校生活を中心として展開されてゐると言ふ事実から、初歩の国語教授の系統を生活指導の見地から更に考へてみなければならない」(35)と新教科書の著しい変化を語っている。

(二) 児童の心理に適した教材の表現法

松本は新しい『コクゴ』教科書は実に児童の心理に適したものであると述べている(36)。その具体的な内容として、彼は「漫画のやうな教材の入れられたこと、児童の生活そのものを描いた絵ばかりの頁、会話の指導をねらつた話方教材、児童が歓声をあげて迎へる物語教材の挿絵をはじめ明かるい色彩で描かれた動的な挿絵」などの点を挙げている。

松本は教育現場の教師として、「新教科書はこの期の児童の生活環境に即し児童の遊戯的、主体的、想像的態度を尊重して」編纂されたと評している。即ち、「この期の児童は草や木や小鳥や動物や魚なども皆自分と同じやうなものだと考へるのであり、従つて児童の生活の中心は、遊戯や童話や童謡や童詩の世界にある」という考えに基づいて編纂されたと見なしているのである。教材の内容の述べ方に関して言えば、ただの説明文より、児童の目線や対話式で表現したほうが児童にとっては受け入れやすい。松本の研究においても例として挙げられているが、第四期の旧読本巻二に採録されている運動会に関する教材は、

　　ケフハ、ウンドウクワイデス。ケンブツニンガ、タクサン　キテヰマス。
　　イマ、一年生ガ、　ハトポツポノ　イウギヲ　シマシタ。
　　ヒトリモ　マチガヘナイデ、　ジャウズニ　シマシタ。
　　ケンブツニンガ　手ヲ　タタイテ　ホメマシタ。

で表現されている。新教科書において同じ運動会についての教材は、

　　大ダマオクリガ　ハジマリマシタ。　私タチハ、赤ノ　クミ　デス。
　　私ト　ハルエサンノ　バンニ　ナリマシタ。
　　白ハ、モウ　ハタノ　チカクマデ　行ッテ　ヰマス。
　　私タチハ、イツシャウケンメイニ　コロガシマシタ。
　　白ハ、ハタヲ　マハル　トキ、大マハリヲ　シマシタ。
　　私タチノ　タマハ、ウマク　マハリマシタ　ソレデ　白ニ　オヒツイテシマヒマシタ。

トウトウ、私タチノ　クミガ　カチマシタ。

に改められた。このように、新教科書は児童の心理に従って編纂され、旧読本と同じタイトルの教材であっても、その内容は殆ど改められているのである。

(三) 皇国民錬成を目指した内容の構成

　台湾人児童向けの材料を選ぶ時に、「皇国民錬成」と「児童心理の尊重」は二つの大きな方針であった。一見矛盾しているように見えるこの二つの編纂方針は、どのように新教科書を通して実現されたのであろうか。筆者の分析によれば、この教科書を成功させる鍵を握っているのは、教材だけではなく、学校現場の教師たちであった。即ち、編纂趣意書や教授書に提示されている指導の方針と教授法に二大方針実現の鍵があると考えられる。

　第四期の教材分析において述べたように、同じ飛行機が出ている教材でも、違う時期に同じ編修者によって違う指導方法が提示されており、しかしその同じ加藤自身が低学年の読本に政治性教材を入れる必要性はないと主張している。筆者の手元にある『コクゴ一』、『コクゴ二』の教授書を見ても、最初にある総説を除けば、教材の指導に関して直接的に国民精神の涵養を強調する部分はそれほど多くはなかった。むしろ、基本の言語指導や教材の活用、練習方法などについての説明の分量が圧倒的に多かった。低学年の新教科書に皇国民としての基礎内容が盛り込まれていると評価した松本の分析によっても、低学年向けの四冊の教材に、「特に国民精神の涵養をはかるもの」或は「国民精神教材」に属する教材はいかほどあるのかというと、『コクゴ一』は計四十四の教材の中に三つ、『コクゴ二』は二十九の教材の中に三つ、『こくご三』は二十二課の中に六つ、『こくご四』も二十二課の中に六つだけであった[37]。

　けれども、第五期の教科書を手にしてみれば、『コクゴ一』、『コクゴ二』など簡単な文字しか使えない教科書の場合には、細かいところまで内地風に描きこまれた軍服を着た兵隊、飛行機、日本の節句の風景の挿絵が出現する頻度が高くなっていた。そして『こくご三』や『こくご四』になると、「朝早く起きて銃後国民としての覚悟をかため、一家総動員で働いたことを書いた「おついたちの朝」の課」や、「空中戦や戦車のとつげきに血をわかす「えいぐわ会」の課、野原でおもちゃの落下傘を飛ばして、落下傘部隊だといって遊ぶ「ねんどざいく」の課、軍用犬の訓練を書いた「ぐんよう犬」の課などの国防観念に

結び付けられる教材が採用されている[38]。

これらの教材選択においては「児童の理解と実践に即する限りに於いて、国体の尊厳に目ざめさせ、敬神、奉公の念を培ひ、国防、銃後の国民的精神を養ふこと」が考えられている[39]。低学年の児童にとっては、ただ教科書を見るだけではそこまで理解できなかったと思われる。そうした部分に表されている国民学校の基本精神や編纂趣意書に繰り返されている「皇国民としての基礎的錬成」という主旨は、教師たちの教授によって生徒たちに伝えることで補うしかなかったのである。まさにそのような教授が行われるように、前述した1942（昭和17）年に加藤が発表した日本語教科書の編纂に関する意見においても、「出来るだけ親切に指導方法を示唆するやうな組立を考へなければならない」と主張されているのである。

おわりに

第四期および第五期国語教科書の全体的な構成と編纂形式については、初学年の巻一・巻二以外では、なるべく国定本に近づくよう編纂されている。また、第五期の教授書の発行状況からみて、国定本を三部制にする内地の構想は、台湾においてもそれに近い形で実行されていたということも本研究で明らかとなった。しかし、教材内容について、台湾の教科書は確かに編修者の手によって独自性が保たれており、特に初学年の教科書の編纂においては、国定本と違う教材選択基準と編纂手法が取られていたことがわかった。

すなわち、台湾公学校の国語教育では、幼年期から純正な日本語教育を通して日本国民を作るという目標を大前提にしながらも、台湾人生徒に合わせて教科書や指導法を考案しなければならなかった。その結果、台湾では初学年段階の教科書において、国定本との最も特徴的な相異点が現れたのであった。

最後に、本稿においての議論は初学年のみを扱っているが、国定本との対照の作業などまだ至らない所があり、あくまでも現時点での分析を示したものであることをお断りしておきたい。今後国定本との対照を含め、さらに論の幅を広げてゆく所存である。

【注】

(1) 三屋静、「台湾に於ける教科書の編修について」、『台湾時報』（1937.4月号）、p.5。
(2) 加藤春城、「日本語教科書に就いて」、『台湾教育』484号（1942.11）、p.63。
(3) 「公学校用国語読本巻一、二編纂要旨（上）」、『台湾教育』419号（1937.6）、pp.12-13。
(4) 「公学校用国語読本巻一、二編纂要旨（上）」、『台湾教育』419号（1937.6）、p.12。
(5) 『台湾教育』第370号、「全島各師範学校附属公学校　読み方打合会記録(１０)」（1932.月日不明）、pp.103-109。
(6) 同上、p.103。
(7) 同上、p.103-104。
(8) 同上、p.105。
(9) 同上、p.103。
(10) 「公学校用国語読本巻一、巻二編纂要旨（中）」、『台湾教育』第420号（1937.7.1）、p.40。
(11) 北川知子、「国語教育と植民地：芦田恵之助と「朝鮮読本」」、『植民地国家の国語と地理』第8号（2006.5.10）、pp.50-54。
(12) 「公学校用国語読本巻一、巻二編纂要旨（中）」、『台湾教育』第420号（1937.7.1）、p.40。
(13) 加藤春城、「日本語教科書に就いて」、『台湾教育』484号（1942.11）、p.63。
(14) 「公学校用国語読本巻一、巻二編纂要旨（中）」、『台湾教育』第420号（1937.7.1）、p.39。
(15) 同上、pp.39-43。
(16) 同上、p.43。
(17) 同上、pp.39-55。
(18) 同上、p.42。
(19) 同上、pp.39-55；「公学校用国語読本巻一、巻二編纂要旨（下）」、『台湾教育』第421号（1937.8.1）、pp.3-25。
(20) 「公学校用国語読本巻一、巻二編纂要旨（中）」、『台湾教育』第420号（1937.7.1）、pp.39-55。
(21) 「公学校用国語読本巻五、巻六編纂要旨（二）」、『台湾教育』第444号（1939.7.1）、pp.14-15。
(22) 松本和良、『低学年の国語教育（上）』、神保商店（1943.9）、pp.1-91。
(23) 同上、pp.19-20。
(24) 加藤春城、「本島初等教育の回顧―義務教育制度実施に際して」、『台湾教育』第489号（1943）、p.43。
(25) 西原慶一、『近代国語教育史』（1965）東京：穂波出版、p.327。
(26) 松本和良、『低学年の国語教育（上）』、神保商店（1943.9）、pp.27-28。

⑵7) 加藤春城、「公学校における国語問題（上）」、『台湾教育』、188号（1918年2月）、pp.37-38。
⑵8) 同上、pp.26-27。
⑵9) 西原慶一、『近代国語教育史』（1965）東京：穂波出版、pp.375-376。
⑶0) 同上、p.376。
⑶1) 加藤春城、「自伝署叙」（未出版）（1929）、pp.13-15。
⑶2) 『コクゴ教授書一』(1943.3.31)、台湾総督府、p.2。
⑶3) 松本和良、『低学年の国語教育（上）』、神保商店（1943.9）、p.47。
⑶4) 『コクゴ教授書一』(1943.3.31)、台湾総督府、pp.33-108。
⑶5) 松本和良、『低学年の国語教育（上）』、神保商店（1943.9）、p.59。
⑶6) 同上、p.11。
⑶7) 同上、pp.34-43。
⑶8) 同上、pp.13-14。
⑶9) 同上、p.13。

Ⅲ. 研究資料

在日コリアン一世の学校経験

―― 李仁夏氏の場合 ――

李省展[*]・佐藤由美[**]

はじめに

　インタビューの手法を用いた今回の在日朝鮮人の学校経験を明らかにする作業は、従来の教育史あるいは教育制度史の間隙を埋める作業といえるだろう。筆者の李と佐藤はこの間、それぞれが異なる植民地期のミッションスクール研究、そして留学生研究などに従事してきた。それぞれの研究過程において論議を積み重ねるにつれて、朝鮮人がどのように教育を受けたのかという当事者の多様な学校経験を明らかにする必要性を痛感させられてきた。植民地支配はそもそも一様でなく、都市と農村、中央と辺境、ジェンダーなど様々な偏差が存在し、学校教育もまたその多様な偏差の中に織り込まれ存在していたからである。今後、この種のインタビューによる調査を通して、在日一世の多様な学校経験を集積し、それらを当事者と同じ目線に立って分析するとともに、総合化を図ることにより植民地教育の全体像のみならず冷戦状況下の戦後日本の教育像がより鮮明に浮かび上がり、またその本質が立ち現われてくるのではなかろうかと考える。

　在日一世の多くは、さまざまな経緯から、直接また間接的な強制性を伴って植民地朝鮮から引き剥がされるようにして、宗主国である日本に移動を余儀なくされた人々である。在日一世は解放後も植民地性を引きずりながら、冷戦状況下における本国の分断、さらに日本の差別・抑圧構造の中を生き抜いてきた人々である。学校教育は教育するものとされるものの相互性のうちに成り立つという単純な事実はまた、当事者の視点を欠く研究のありようを鋭く問うものである。筆者たちは、このような省察と自己反省に立って今回の

---

[*]　恵泉女学園大学、[**]　埼玉工業大学

インタビューに基づく研究企画を設定するに至ったといえよう。

　在日一世の高齢化に伴い、このインタビューに基づくデーターの集積ならびに研究作業は急務と考えている。今回は李仁夏（イ・インハ）さんのインタビュー記録の要約を研究資料として掲載するものである。今後のインタビューにおいては、階層、ジェンダーなどに留意しつつ、また現在も展開されている日本各地の識字教育の現場報告などからも明らかなように、ハングル、日本語を体得する機会が制限された人々が少なからず存在することから、様々な矛盾や抵抗の中で教育機会から疎外されてきた人々の経験も重視したいと考えている。

　李仁夏さんは、添付の年表にもあるように1925年に慶尚北道漆谷郡仁洞に生まれ、41年（当時16歳）に日本へ渡航、京都の私立東寺中学校2年に編入した。その後キリスト教と出会い、現在は在日大韓基督教会川崎教会の名誉牧師と社会福祉法人青丘社の理事長を務めている。李仁夏さんは日立就職差別法廷闘争、指紋押捺拒否運動、在日の戦後補償問題など様々な人権運動に関わってきた。また多感な青少年期を、朝鮮においては日中戦争が開始される皇民化政策期、また日本においては連合国との戦時下に過ごしているのが特徴的である。当事者からの植民地支配ならびに学校経験に関するまさに貴重な証言の記録であると考える。

　今後の一連の研究資料が様々な研究者により活用されることを望むとともに、研究手法などに関して研究会会員諸氏からのご意見など含めて、ご教示いただければ幸いである。

2．李仁夏氏の学校経験　―インタビュー記録より―

　以下は2007年3月11日に川崎の李仁夏さんの御自宅近くで行ったインタビューの記録をもとに、筆者らが編集して収録するものである。李仁夏さんの言葉、表現をできるだけ生かすかたちで編集することを心がけたが、紙幅の都合上、割愛や加工が施されていることをお断りしておきたい。小見出しは筆者らが適宜付したものである。李仁夏さんには著書『歴史の狭間を生きる』（日本キリスト教団出版局，2006.6）があり、幼児期から現在に至るまでの御自身の歩みを克明に、且つ率直に綴られている。本稿が対象とする学校経験についても詳細な記述があり、重複する部分もあるが是非、併読されたい。

【朱北公立普通学校・会文公立尋常小学校時代】

　李仁夏さんは、1925 年に父・李国賢と母・金希の長男として生まれた。6 歳違いの姉と 4 歳違いの妹がいる。2 歳までは慶尚北道の仁同で過ごし、その後、父の任地である咸鏡北道鏡城郡に移住する。父は朝鮮総督府土地調査事業の測量班の助手をしていたが、警察官の試験（巡査）に受かり、ケシが栽培されている山奥の駐在所に赴任した。「横流し」を監督するのが最初の任務だった。李仁夏氏の原風景はケシが一面に広がっている花畑である。父の 2 度の転勤に伴い、咸鏡北道内を朱村乙場から会文へと転居したため、1931 年 4 月に朱北公立普通学校に入学し、1939 年 3 月に会文公立尋常小学校を卒業した（転校したのは 1935 年 4 月）。

家では朝鮮語、学校では日本語：家での日常会話は、親父は総督府の警察官僚だから日本語ができたが、母親はできない。だから私なんかを含めて全部ハングル（朝鮮語）で日常生活をしていた。山奥の方に親父の任地があったものだから、一般的に数え年 8 歳が入学時だったけれど、6 歳（満 5 歳）で小学校に入れられた。クラスには十何歳で早婚の人もいるわけだ。その中で私は一番幼い存在で、それプラスわけのわからない異言語の日本語でしょ。大変苦労したね。結果的に途中で不登校になって、親父に殴られて追い立てられてね、学校に戻されたのだけれど、体が弱くなって学年を 2 回繰り返すような挫折感を経験した。それはやっぱり学校という全く未経験の日本語の世界に入っていくわけだから。しかも周囲の環境は全部朝鮮語でしょ。小さい者にとってはとても厳しい試練だったと思う。

家庭教育で千字文：書堂は、私の生まれた田舎にはあったけれど、父が勤務した田舎にはなかった。今でも書道が得意なのは親父の教育熱心のおかげ。学校に入ってから、毎日、千字文を書かないと体罰を加えられた。千字文を全部、自分で書く。漢字を写す訓練だ。

皇民化教育：学校では毎日朝礼で、「皇国臣民の誓詞」を復唱させられた。全校生が声を大きくそろえて、誓詞を復唱した。君が代は儀式のある時か、国旗掲揚のある時。東方遥拝もやった。遥拝用のプレートはなかったけれど、とに

かくアバウトに東の方を向いて。ヒットラーじゃないけど、百遍言っているうちに染まっちゃうわけ。僕よりも、三つぐらい年上の連中は何か民族のコア、核みたいのがあって、学びながらでも抵抗するのだけれど、僕らはそれがもぎ取られている。創氏改名になって「岩城政雄」になりきってしまおう、っていう自分があるわけ。しかし、100％なりきっていなかったことは、8・15の解放のときに自分で驚くのだけれども。自分の中に朝鮮は生き残っていた。

朝鮮語の授業：入学して2年間は朝鮮語という教科[1]があった。もちろん朝鮮人が教えていたけれど2年で打ち止めになった。だからその2年間でハングルの基礎的な書き方みたいなものを覚えたわけ。僕のハングルの基礎はその2年だけで、戦後から始まった。朝鮮語を喋って怒られたと書く人も結構いるけど、1回ぐらいそういう経験をしたかな。僕の時代、僕の経験ではそんなに厳しくはなかった。

学校に通わない子：村の子どもたちが全部、普通学校に通っていたかというと、必ずしもそうではなかった。しばらくして、小学校6年の時、義務教育[2]になって全員入ったけれど。学校に行かない子は農業をしていた。女子の数は圧倒的に少ない。女が勉強してどうするのだということだ。1クラス60名で、女子は数名だけ。女子には女子の集団があって、14〜15人くらいだったかな。女子のことで思い出すのは、一つ年上のクラスに金春子（キムチュンジャ）という子がいて、とても美人だったのでみんなの憧れの的だったということだ。

普段は民族衣装：服装はみんな大体が民族衣装。ところが運動会があった時に、ランニングとパンツで来いと言われたのに、私にはメッセージが伝わっていなくて、一人だけパジチョゴリを着て走って、親父にえらい叱られた。そういう経験もある。それほど愚鈍というかな、発達が遅れていたというかな、あるいは異文化に適応できない、そういう心理的なプレッシャーがあって、コンプレックスになっていたかもしれない。でもそういう自分が6年生あたりになってくると変わっていくんだよね。

日本人との接点：駐在所というのは、日本人の巡査部長と朝鮮人の巡査の二人によって構成されるわけね。だから絶えずその巡査部長の家族とのつながり、

それと校長先生が日本人だったから、そこの子どもたちとのつながりがあった。鮮やかな記憶として残っているのは、冬になると水田をせき止めて水を湛えて凍らせるとスケートができる。三角の丸太の先に鍛冶屋で作ったスケートの刃を打ち込んで革紐をつけて結ぶのが、誰もが使っているスケート靴。ところが校長の息子がスケート靴を履いて滑るから、一人では格好悪いっていうので、校長先生のところで私にも買ってくれて、二人でスケート靴を履いて滑った。そういう意味での付き合いや遊びはあった。田舎で日本人学校がないから、日本人の子も我らの学校で一緒に学んでいた、そういう情況だ。

「犬の子」：「犬の子」っていうのは私に対するいじめの言葉。何回も言われたよ。村のなかには依然として日帝への抵抗意識があるわけ。警察官だから犬じゃなくて、日帝に協力している犬みたいな奴だ。尻尾を振っている。そういう意味があるの。非常に厳しい。村の連中が道路で待ち構えて、僕に暴力を加えようとするのを察知して裏門から逃げて帰った時もある。だから僕の中には親父の職業に対する恨みがいっぱいある。

牛肉入りのお弁当：弁当はね、もちろん皆キムチを持ってきたりするのだけれど、僕はキムチの他に、ソコギ（牛肉）のチャンジョリム、肉の塊を醤油で煮て糸みたいに割いたものをご飯の上にぎっしり。まあ皆に比べて豪華だったな。基本的に総督府の官僚システムで平均水準よりいい収入だったと思う。だからみんなが雑穀を食べている時に、家は白米で生活できるという水準だった。

日本の名所は地理の授業で：教科では特に好きというのはないけど、地理は面白かった。今でも都道府県の名前をズラッと覚えているのはその時に覚えたもの。地理の授業は日本をバッチリやって、朝鮮半島はサラッと流す。例えば桐生という所があるでしょ。群馬だったかな。そこが織物の名産地だということは、その時の知識が今でも生きている。日本の名所、仙台の松島とか、別府の温泉だとか、やたらと覚えている。日本に対して基本的に無意識の憧れがあったから、日本留学が決まった時に喜ぶわけだ。もうそういうふうに作られていくんだよね。

天皇への忠誠心：1学年は1クラスで、先生は全部で10人前後かな。朝鮮人

の教師が日本人より多い。校長、教頭は日本人ね。日本の先生で名前を覚えているのは船橋という太った先生ひとり。赤穂浪士の討ち入りの物語を落語調にしゃべって、その最後の「オチ」は「こんなふうに日本人は主君に対する忠意の心を持っているけれど、朝鮮人には孝はあっても忠がない」とそういうふうに決め付けられる。話のオチに天皇に対する忠誠を結びつけていくんだよな。

サッカーが盛ん：遊びは魚獲りが多い。それからサッカーが流行った。民族の国技みたいにサッカーが流行っていた。面と面の対抗試合があってエキサイトする。それで子どもたちが、泥を集めてボールを作る。所謂サッカーボールなんて買うお金がないから、それで蹴り遊んで。村の祭がある日に牛を屠ると膀胱をもらってきてね、自転車のポンプで膨らませて結ぶ。それをサッカーボールの代わりにしていた。そういう遊びになると結構楽しくて、一日があっという間に経ってしまう。牛は一種の山岳信仰でね、牛を屠って山に捧げて、その残りを全部持ってきてクッキングして、各家庭に少しずつ配って頂く。それが年に1回、牛肉を食べられる日なんだ。豚肉は常時あるけれど牛肉はないわけね。

『少年倶楽部』：学校の教科書以外の本と言えば『少年倶楽部』だ。あれは待ち遠しくてね。村の駄菓子屋がその雑誌を扱っていて、おとなは『キング』というのを読んでいた。『少年倶楽部』の中身は「のらくろ」や「冒険ダン吉」という漫画だった。

農業という教科：初等教育の中でどちらかというと感謝していることがあるのだけれど、農業という教科があるわけ。田植えから始まって稲刈りね。それに加えてトマトからキャベツの青虫獲り。あらゆる野菜を作っていた。それから豚と羊を飼っているわけ。だから農業に関係する事は基礎的にほぼ全部できる。普通学校に行って農業を習う事で、役立つことはあったと思いますよ。だってトマトだとかキャベツを育てるというのは、ある意味で近代農業だ。大根とか白菜はあっても、他の野菜はないでしょう。そういう意味では、植民地支配というのは近代化を、負の歴史の中でも近代化が促されたという側面を否定できないわけよね。やっぱり朝鮮が植民地にならなくて、独自でもやがて近代化の波が押し寄せてくるから近代化はできたと思うけれども。でも植民地支配の中

でもそういう面が必然的に進んできた。

総督府のお先棒担ぎ：衛生に関する教育は徹底していたね。それから戦時色が濃くなると白衣というのは、やはり洗濯も繰り返さなきゃならないし厳しいでしょう。だからそれを濃く黒く染める運動みたいなのが上から来るんだよね。親父なんかはそのお先棒を担いでやるわけよね。女性を捕まえて、「これはだめ」と言ってね。それを見て嫌だなと、親父のやっていることを嫌だなと思ったことはある。とにかくある一つの方針、総督の方針が決まると、結局それを実行に移すのは剣を帯びた者だからね。サーベルをガチャガチャ言わせながら。結構大きいサーベルだから、あれで人も斬れるし飾りじゃない。

コックンサラム：小学校の時、姉が朝鮮語の勉強をするというので、村の若者を集めた集まりに連れていかれたことがある。一渡り終わった後で、今度は朝鮮語で歌を教えるわけ。今から考えるとそれが賛美歌。その後、説教があって、そういう会合に1回だけ顔を出した記憶がある。父が勤務していた辺りはカナダミッション（カナダ長老教会）だった。コックンサラム（鼻の大きい人）が来て演説をやるというので、村中が集まって夕方暗くなりかけた道端でみんな立って、その人の操る朝鮮語をうまいなぁなんて言いながら聞いていた記憶がある。それがキリスト教に触れた最初だった。西洋人を見たのも初めてだった。

【私立泰成学校時代】

　　李仁夏さんが中学に入学したのは1940年4月のことである。公立の中等教育機関（高等普通学校／中学校）への受験に失敗し、清津市にある私立の泰成学校[3]に入学した。親元を離れての下宿生活が始まる。当時の朝鮮には京城（Seoul）や平壌を中心として、規模も大きく教育内容も充実した私立の中学校やそれに準じた各種学校があったが、民族系やキリスト教系のこれらの私立学校に対しては、朝鮮総督府の監視の目がとりわけ厳しかった。

中学校受験：最初に受験したのは鏡城高等普通学校、それから翌年に羅南にある中学校、二つともダメになって、清津にある泰成学校に入学することになった。とにかく僕は数学がダメだったから数学で落ちたと思うのだけれど、いわゆる日本語、当時は国語といわれた教科に関しては自信があった。でも数学が

半分解けなかったら、もうこれは落ちるよね。試験科目は数学と国語のほかに何かあったな、三つぐらい。歴史かな。朝鮮史じゃなくて日本史。それで倍率はね。羅南の方は僕が日本人並みだったら合格したと思うけれど、朝鮮人は20％しか入れない学校だった。羅南には師団司令部があって軍人の子どもが一杯、そういう情況だった。鏡城高等普通学校の方は、1回落ちた所は2度と受けたくなかった。それともう一つの理由は僕が小学校でトップだったのに、成績順で2位の男がスッと入れたわけ。そいつの1年下になるのは嫌だった。それでそこもダメになって、結局、清津にいった。泰成学校も試験があったし、倍率も結構あったけれど何とかひっかかった。学費は15円から18円くらいの間ね。それで下宿代も飯代もすべて賄えたね。後に親から日本に送ってもらっていた金が18円で、それで賄えていたから、その程度だったように思う。

南総督の謁見式：歴代天皇の名前を暗記せよということはなかったけれど、小学校の時から教育勅語朗読のときは頭を上げる事ができない。最敬礼のまま拝聴するっていうことで、それが結構長い。私立中学ではそれがなかったように思う。とにかくその中学は、集団でもって神社参拝をした記憶がないわけ。小学校にはあったけれど。南次郎という人が朝鮮総督だった。そいつが日本から清津に直行して京城に行くという、その行程のために市内の全校生が彼を歓迎する謁見式みたいのがあったわけ。それに中学生が、公立も私立もみんなズラッと並んで待っているのに船が3時間遅れたの。だから疲れきっていたわけね。それで総督が着いたところで、国民儀礼で君が代を歌う。ところが歌わないというか、我々歌わなかったわけではないのだけれど元気があまりよくない。そうすると、その一群の生徒は誰か、どこかの中学かということで潰されるわけ。そういうプロセスを経て最終的に潰されるわけ。

泰成学校の生活：清津の町というのは小奇麗な港町で日本人も結構たくさんいた。すぐ隣の羅南は軍人の町で、貿易や商売をやっている人たちがいた。下宿先は朝鮮人の銀行員の家で、先輩の学生と一緒だった。1クラスは60人。中学には英語の教科が入るでしょ。山に登って代名詞の変化なんかを丸暗記していた。基本的には日本語で朝鮮語はなかった。ただ中国語を1年間、勉強した記憶がある。教職員が全部朝鮮人だったから軍事訓練を受けるのも朝鮮人。地理の先生が日大を出た人で、数学の先生が物理学校を出た人だった。戦前の東

京物理学校というのは卒業しただけでも秀才だった。ストレートに卒業できる人は滅多にいない。勉強しなきゃ卒業できない。とても親切な先生で、その人が京都留学の引率の先生だった。

閉校処分：泰成学校は総督府から中学校として認可されて、新しい校舎に移る間際に閉校になってしまった。木造から赤レンガの建物に移るといいなんて言っているところに、ある日突然、閉校処分を受けた。後からその学校は公立の女子商業になったということを知らされる。基本的に教会の長老でもあった校長先生、たしか李先生だったかな。やっぱりその人が原因だね。当局に狙われた。クリスチャンで民族運動家でもあるしね。閉校処分になった時、警察署長が総督は総督、私は私だと言って、あまりにも気の毒だから留学できるように、50名だけ渡航証明書を出しましょうということになった。留学希望者は「満州」と「内地」の二手に分かれたが、私は寒いのが苦手だったから「内地」行きを希望した。10日ぐらいの準備期間しかなかったが、1941年3月15日に清津港を出帆、2泊3日の船旅で敦賀港に着いた。その後、東京方面と京都方面に振り分けられ、私は列車で京都に向かった。

【内地留学で東寺中学へ】
　朝鮮半島から内地への留学者は日本統治下を通じて増加し、李仁夏さんが東寺中学校に入学する2年前、1939年10月現在の統計によれば、中学校だけでも1732名の朝鮮人在内地留学生が在籍したことがわかっている。そのなかでも中学校の閉校処分による内地留学は僅少な例と思われる。また1940年代の中学校生活は戦時体制の強化に伴って勤労動員が開始されたため、勉学中心の留学生活にはならなかった。また1944年、徴兵令が朝鮮人にも施行されると、多くの朝鮮人が戦地に送り込まれることになった。郷里で徴兵検査を受けた李仁夏さんは、東寺中学校の系列の京都専門学校に進学し「赤紙」が来るのを待った。

日本の印象：日本の第一印象は文化の違い。平均して日本がどこか均整がとれているというか、豊かな感じがしたね。中産階級が厚い。それに対して朝鮮というのは貧富の格差が激しいし、僕の感じた雰囲気ではデコボコね。日本というのは平均していて、そういう文化的な背景をもった国という印象が、いま振

り返ってみてもあるね。

北白川の下宿近辺：東寺中学校に入って暫くの間は旅館で生活していた。編入試験を受けて合格したら、そのまま残って 1 学期を過ごすわけね。それで布団なんかを送ってもらう。大体 3 日ぐらいで着く。お金は郵便局の振替小切手みたいなので来て郵便局に行って替える。下宿は北白川のあたり。6 畳間を二人で使っていた。賄い付ではなくて、下宿はただ間代をとるだけ。食事は道路を渡ったところにある食堂で食べるわけね。非常に印象に残ったのは京都のうどん屋。まだ粉食が自由だった時で、うどん屋さんがあちこちにあった。きつねうどんは山椒が効いてとても美味しい。京都の七味は山椒が多めなんだよ。山椒の匂いがプーンとして、得も知れぬ美味しさだなって、間食にちょこちょこ食べていた。お米は統制下にあったものだから、米屋で食堂の券をもらって、1 枚ずつ食堂に渡してご飯を食べる。北白川の辺りは、雰囲気としてはみんなもう京大の学生ばっかり。たまに同志社と立命館の学生がいたけれど、中学生だから結構かわいがられるわけね。

キリスト教との出会い：東寺中学校には市電で通っていた。祇園、八坂神社のあたりで乗り換えると学校までまっすぐに行ける市電があった。その帰り道に英語科の和田正先生と出会ったのだけれど、僕の下宿の一軒隔てた裏側に住んでいることが初めてわかるわけね。それで和田先生から英語のレッスンのオファーがあって、当時、安永（やすなが）といった同宿の安くんと一緒に英語の勉強を始めた。和田先生に呼ばれて英語のレッスンがマタイの 5 章、6 章、7 章と進む。その 3 章の教えの部分のテキストで聖書に初めて触れて、貧しい者が救われたという言葉に仰天して、それが躓きの始まりだった。キェルケゴールじゃないけれども、一度躓かない者は福音に触れることは厳しいという場所だけれど、まさにその通りの躓きを経る。だから福音っていうのはある意味でスキャンダルだよな。躓きのスキャンダル。その躓きを経て、イエスのユダヤ人も異邦人もないという高遠な教えに触れる。税理士のマタイがイエスによって付いて来いと招かれるじゃない。そうするとホッとするわけ。自分の親父類がイエスにとってあいつはだめというのではなくて、そういうものをも包み込むとてつもなく大きな愛に感動するわけね。それで僕にとってはずっと民族差別の問題があったから、日本人も朝鮮人もない、みんな一つだというこのメッ

セージが飛び込んできて、こういう普遍的な真理を媒介として生きていけるという希望が与えられるわけ。それがうまくキリスト教に踏み込む経緯なのだけれど。でも、そこから教会に行くには少し時間がかかった。安永君は既にクリスチャンで教会に行っていたのだけれど、教会に行ったらきれいなお姉さんがポケットサイズの聖書をくれるというので、それに魅せられて教会に行って、その彼女から聖書をもらって1年経って洗礼を授かるわけ（西田町教会）。それまでは特に宗教は持っていなかった。祭祀はあったけれど、特に儒教の教えを奉るということはなかったね。

東寺中学校：東寺中学校のクラスは1学年に2クラスで60人ずつ。一つは将来、真言宗の僧侶になるクラスでそういう生徒が集中的に在籍していた。一方の僕らのクラスは朝鮮人と日本人がごちゃまぜで、仏教に関係する講話はあったけれど、お経なんかを訓練する場はなかった。朝鮮人の生徒も結構多かった。朝鮮人生徒と日本人生徒のいがみ合いはしょっちゅうあった。腕力の強い六車（ムグルマ）っていう奴に殴られてね。いじめられたね。腕力では適わない。級長をしていたから僕は殴られていないけれど、それでも怖かった。級長は選挙じゃなくて任命、成績で選ばれる。選ばれて軍事訓練で指揮官になったりするわけね。だからまぁ、六車は僕に一目置いてくれる。でも他の朝鮮人がいじめられているときに「お前やめろ」という勇気はなかったわけね。向こうは1学年、上だったからね。

日本人生徒からの差別：個人として受けた差別は言葉だね。濁音で苦しむわけだ。朝鮮語にはガ行とダ行がないでしょ。だからそれを僕のニックネームにされた。「学校」じゃなく「カッコウ」と、「おい、そこのカッコウ」とね。禿（ハゲ）と書いてカムロっていう双子の兄弟がいて、その弟の方とは結構親しかったけれど兄貴が多少出来の悪い子で、兄弟間のコンプレックスを朝鮮人に向かってぶつけるわけね。いじめの根底にはいじめられている経験、自分の屈折が必ずあるんだよね。それで、しょっちゅう、そいつの意地悪や嫌がらせに遭う。僕の指揮に従わなかったりとか、「何や朝鮮人のくせに」っていう雰囲気ね。そういうことには敏感だよ。僕は日本人に会った時にまず、この人はどの程度、朝鮮を理解しているかを観る。それでその人の評価をバチッと決めちゃうわけよ。それはあの時に形成された人間理解だと思うな。嗅ぎ分けるって

いうのかな。

東寺中学校の先生：先生から差別を受けた経験は別にないけれど、僧侶あがりの歴史の先生で一人、朝鮮人が日本人になったことが最高にすばらしいことだったと必ず言う人がいて、そう言われると反発するよね。それ以外は国語の先生も化学の先生もみんな結構良かった。先生はあだ名で覚えているんだよな。エノケンっていうあだ名をもった化学の先生がいたけれど、戦後、東京の有楽町でバッタリ会うわけね。思わず口から出た言葉が「エノモト先生」になっちゃった。エノケンの本名がエノモトだから。実際、先生は違う名前なのだけれど。

甲種幹部候補生に：配属将校の矢野少尉からはとてもかわいがられて、「あまり難しい本はやめろ」なんて言われたこともあった。彼は非常に面白い人だった。三重高等農林の出身で、学徒召集で少尉になって配属されて来たのだけれども、非常に悩んでいるところがあってね。西田幾多郎っていう哲学者といろいろ問答しているうちに、戦争が終わる2ヶ月前に割腹自殺をして死ぬわけ。なんか日本人の生き方そのものに躓いてしまって。そういう人が朝鮮人生徒を非常にかわいがってくれたわけね。だからその人の推薦があるから、軍隊に入ったら甲種幹部候補生になれるわけ。その時、士官候補生に推薦されたのは小林君と私の二人だけだった。あと6人が乙種幹部候補生で、これは軍曹になる。徴兵検査を受けて、後は召集令状さえくれば……。同期はみんな戦地に行くのだけれど、私のところには最後まで召集令状、「赤紙」が来なかった。なぜかといえば、本籍地に行って徴兵検査を受けて日本に帰ってくるでしょう。そのときに京都の師団司令部の管轄に向けて住所変更届を出すわけ。関釜連絡船が撃沈される時代だから、軍事郵便がなくなったのかしれないけれど、私の分だけ来なくて、日本の敗戦を宇治の工場で迎えるわけね。その時に阪大の学生が祝福をしてくれたのだけれど、その意味もわからなければ、そうかといって日本人と同じように泣けない自分を発見してうろたえたわけ。非常に鮮やかな記憶として残っている。だからやっぱりどこかに残っていたのだろう。朝鮮人としてのエスニシティの核のようなものが。

勤労動員：戦争が深まって行くにつれて食料事情が悪くなってひもじい思いを

するのだけれども、幸いなことに宇治に海軍の新しい工場ができて、そこに行くことになった。阪大に醸造っていうお酒を作る学問があるわけね。そこ出身の海軍の中尉がその軍事工場の責任者で、阪大の同じ学科の学生が二人派遣されて醸造が始まる。砂糖を溶かして醗酵させて蒸留にかけてアルコールを出す、エチルアルコール。それが飛行機の燃料になるわけ。そういう軍事工場で砂糖をなめたら、もう食事は要らないくらい。この勤労動員は東寺中学校の4年生、5年生のときだった。勉強したのは2年生、3年生の2年間だけだった。

特高の誰何：徴兵検査を本籍地で受けた際、京都に戻るか戻らないかっていう話になって、お袋は「残れ」って、「もうお前戦争に行くし、早う結婚して子どもでも残して行け」って言ったけれど、「どっちなんだお前、男らしく決めろ」って親父に一喝されて、「帰ります」って言って京都に帰ってきたわけね。関釜連絡船に乗る時、一番嫌なのは特高刑事に誰何されることだった。みんながズラッと待っているなかで、帽子を被っていかにも日本人という振りをしても間引かれるように、「ちょっと来い」と言って身元を調べられる。そういう嫌な経験があるわけ。船に乗って、たまたまアメリカ人の書いた心理学の文庫本を持っていたら押収された。船を下りる時分には返してくれたけれど、そういう特高たちの査察に繰り返し遭う。旅行する時でもみんな見ている中、犯人扱いで、賛美歌集を持っていたから随分と質問されたけれど、日本の教会は朝鮮の教会と違う、日本の教会の賛美歌の本だと説明したら放免してくれた。

京都専門学校：京都専門学校には仏教学科と倫理学科があって、僕は倫理学科を選択して、そこに1年間、在籍していたのだけれど、それをほぼ放棄して、敗戦の翌年に東京に来るんですよね。京都専門学校は今の種智院大学、真言宗の学校だった。

「解放」後の進路：戦後、京都に朝鮮人留学生同盟が組織されて、そこに入るんだよね。その中がイデオロギーで真二つに割れるわけ。プロソーシャリズムとアンタイソーシャリズム。京大の学生で韓というのがいて、彼を筆頭に僕らはアンタイの方に。同志社にいた神学生と一緒にYMCA運動を始める。その時に、金仲泰という立命館の学生もいた。戦後2年くらい、植民地出身者を全部、旧制の帝国大学に位置づける流れがあったわけね。中国人学生がいなくな

ったのでその穴埋めに。それから朝鮮半島の植民地支配に対する罪責を日本の政府当局が、文部省が悔い改めて、日本の私立大学に在籍している学生を旧制帝国大学に引き取る。僕が神学校に入ったその年に、京大生の韓さんが中心になって、推薦で第一高等学校に、旧制の一高に推薦するからお前そっちに行ってくれと言われたのだけれど、僕は進路がしっかり固まっていたから断った。その韓さんはカトリックの人で、日本の旧制高校と大学を出て、将来、バチカンに留学すればいいと言って誘われたのだけれど、僕はプロテスタントだから違うといって断った。しかし考えてみたら、日本のエリート中のエリートが集まる一高の話っていうのは、結構おいしい話だよね。

日本基督教専門学校：戦後、上京して日本基督教専門学校に進学しても岩城政雄から李仁夏には変えなかった。本名で行かない。日本に対する不信感があって、僕は岩城政雄で願書を出したのね。そうしたら、宮本武之助 (1905-1997) という哲学の教授が、「君、時代が違うでしょ。ちゃんと自分の名前を名乗りなさい」って、そういうアドバイスがあって、即刻、本名にした。だから在日が日本の創氏改名を引き摺って生きるというのもよくわかるのね。日本の差別社会に対する構え方から、やっぱり日本人のフリをして生きる。相手から聞かれない限りにおいてはいつも通名で通すわけでしょ。屈折だらけだね。僕の人生って。ちょっと普通の若者とは違うでしょ。まぁ、そんなところかな。（終）

【註】
(1) 昭和13年3月3日公布の勅令第103号「朝鮮教育令」（第三次）下では、「朝鮮語及漢文」が正課から随意科となり、実質的には廃止に向かっていく。
(2) 日本統治下の朝鮮では義務教育は実施されなかった。しかしながら、李仁夏さんが「義務教育になった」と認識されていることは注目に値する。
(3) 朝鮮半島咸鏡北道清津市にあった私立各種学校。李仁夏さんによれば、泰成学校は創設時には東明義塾といった。中学校として認可された直後に廃校処分を受けたという。

【年表】
1925.6.15   慶尚北道漆谷郡仁同（現在亀尾市に編入）に生まれる。
1931.4   咸鏡北道朱北公立普通学校入学。

1939.3	会文公立尋常小学校卒業。
1940.4	清津市、私立泰成学校入学。
1941.3	同校朝鮮総督の命令により閉校措置を受ける。
4	京都の私立東寺中学校2年次に編入。
1943.4.4	復活祭に日本基督教団京都西田町教会にて中西貞雄牧師より受洗。
1945.3	同校卒業。京都専門学校入学。徴兵検査を受け召集を待つ間に8・15を迎える。
1946.5	日本基督教神学専門学校入学。同時に教会籍を在日大韓基督教会東京教会に移す。
1951.8	京都の母教会にて酒井幸子と結婚。
1952.3	日本基督教神学専門学校予科2年本科4年の課程を卒業。
4	基督教共助会入会。
9	調布市の多摩川河川敷の朝鮮人集落で開拓伝道。多摩川伝道所（現・調布教会）を興す。
1953.10	在日大韓基督教会総会で牧師按手礼を受ける。
1955.7	57年8月まで2年間カナダのトロント大学ノックス・カレッジに学ぶ。学士論文「史的イエスと使徒的ケリュグマ」を提出（現在の修士論文相当）。
1957.9	在日大韓基督教会東京教会副牧師就任（学生伝道担当）。ＳＣＭ運動に関わる。
1959.3	ソウルの韓国基督教長老会城南教会の招聘が妻の国籍と長男の重病のため実現できず、在日大韓基督教会川崎教会牧師として赴任。
9	日本キリスト教青年会（ＹＭＣＡ）同盟学生部の研究主事となり、週2日5年間勤務。季刊誌『学生キリスト者』（後に『大学キリスト者』）の編集実務に携わる一方、60年夏には世界学生キリスト教連盟大会等に出席。
1960.10	在日大韓基督教会事務局の総務職を兼任（73年まで）。
1964.2	アジア・キリスト教協議会（ＥＡＣＣ、現在のＣＣＡ）への在日大韓基督教会加盟に際し、タイ・バンコクでの総会に代表として参加。
1965.9	日本基督教団総会議長・大村勇氏の通訳として訪韓、日韓キリスト者和解の目撃証人となる。
1967.3	日本キリスト教協議会議長に大村勇牧師が選出。書記に指名される。
1968.4	同協議会書記として、中嶋正昭総幹事就任まで1年6カ月にわたり総幹事代行を務める。
5	トロント大学ノックス神学大学より名誉神学博士号授与。
1969.4	川崎教会に桜本保育園を開設、園長就任。アジア・キリスト教開発会議の事務局長となる。
1970.1	日立就職差別の法廷闘争、「朴君を囲む会」呼びかけ人共同代表に（74年6月、勝利判決）。
5	世界教会協議会（ＷＣＣ）、人種差別と闘うプログラム委員会委員及び副委員長を82年まで務める。
1973.10	社会福祉法人青丘社を興し、理事就任。桜本保育園、川崎市公認となる。在日大韓基督教会総会長に選出される。

1975.5		民族差別と闘う連絡協議会全国代表（93 年 3 月まで）。
1979		アジア・キリスト教協議会都市農村宣教委員会の人種・民族問題諮問委員として、ニュージーランドのマオリ・キリスト者のホストによるアジア会議の聖書研究を指導。
1985.4		津田塾大学非常勤講師としてキリスト教概論を担当（1998 年まで）。 日本基督教団農村伝道神学校非常勤講師。神学特講「社会的少数者への宣教」を担当（1998 年まで）。
1988.1		国連公認「反差別国際運動（ＩＭＡＤＲ）」理事（1994 年まで）。 アイヌ民族、部落解放運動との共闘。
1989.4		韓国政府外務部・在日韓国人後孫問題諮問委員（1991 年 3 月まで）。
	9	秋学期、トロント大学ノックス・カレッジ客員研究員
1990		横浜市教育委員会・在日外国人教育基本方針策定委員（1 年間）。
1991.1		「在日の戦後補償を求める会」の共同代表（2003 年まで）。最高裁にて敗訴。
	9	日本聖公会神学院非常勤講師、日本の宣教を担当（1998 年 3 月まで）。
	11	「おおひん」地区街づくり協議会顧問。
1996.4		3 月をもって川崎教会牧師を定年引退（70 歳）。元老牧師。池上町に転居、町内会の相談役となる。 神奈川県立大師高校の総合学科をつくる会委員、現在評議員。
	5	社会福祉法人青丘社理事長。
	12	川崎市外国人市民代表者会議創立委員長となる。98 年にも第 2 期委員長を務める。
1997		学校法人アジア学院評議員、後に常任理事（2006 年 3 月まで）。
2005.3		6・15 南北共同宣言実践日本地域委員会代表委員の一人に加えられる。

＊『歴史の狭間を生きる』（日本キリスト教団出版局、2006.6）より一部修正して再録。ただし、縦書きを横書きに改めた。

【付記】

　本稿を作成するにあたり、李仁夏さんは長時間にわたるインタビュー、その後の質問への応答、原稿の内容確認と全過程にお付き合いくださった。日本統治下の学校経験についてお話いただくことは、青少年期の不愉快な出来事や辛い体験をも想起させてしまうことになり、筆者らにとっては心苦しいお願いだった。しかし、李仁夏さんは個人の経験を記録に残しておきたいという研究の意図を理解され、全面的に協力してくださった。深甚の謝意を捧げたい。

　なお、2 時間以上に及ぶインタビューのテープ起こしは、埼玉工業大学学生の劉治栄さんが担当してくれた。A4 判用紙で 25 枚分のテープ起こし原稿が本稿のベースになっている。劉さんにも謝意を表したい。

Ⅳ．旅の記録

台湾の奉安殿を訪ねて

白柳弘幸＊

はじめに

　戦前戦中、日本国内はもとより外地の学校や公的機関・軍関係施設などには、御真影や教育勅語謄本(以下、教育勅語)を保管するために奉安殿が作られた。戦後、国内の奉安殿はGHQからの撤去指令を受け、多くは破壊された[1]。しかし、それをぬってまだ国内には相当数の奉安殿が残されている。『植民地教育史研究年報』第5号ではサハリンに残る奉安殿について報告された[2]。今回、台湾に残されている奉安殿について報告する。

1　苗栗県三義郷建中国民小学（旧三叉河公学校）奉安殿

　三義郷は台北から台南の方向へ直線で約110km、台北から南部に向けて島全体の三分の一ほど南下したところにある。台湾鉄路西部幹線（山線）三義駅で下車する。
　建中国民小学の守衛室で訪問の意図を伝え校長室へ。李瑞雪校長から創立百年記念誌『三叉建中百年情』（以下『校史』）をいただく。『校史』には、創立から現在に至る学校の歴史が詳しく述べられ、日治時代（日本による植民地統治下の時期）の記録の分量も少なくない。創立百年の内40年間は日治時代になるからである。1904（明治37）年に銅鑼公学校分校として、修業年限4年、男子20名で開校。その後、三叉河公学校と校名変更し、戦後になって建中国民小学となり、2003（平成15）年に創立百年を迎えた。

＊　玉川大学教育博物館

1920（大正9）年の三叉河公学校開校時、松本辰記初代校長が着任し、初代奉安殿を設置する。奉安殿を前にしての写真が『校史』に載る。建物の下半分が前に並ぶ人々のために隠れて詳細はわからないが、建物正面上部

【写真1】

の様子から木造の大社造のように見える。

　1936（昭和11）年、第4代校長細谷真一の時、現在の場所に2代目の奉安殿が建て直された。『校史』や、奉安殿前に置かれる「奉安殿沿革碑記」には1935（昭和10）年の台中地震にふれていないが、地震による初代奉安殿が崩壊したための再建であろう。

　戦後、台湾にあったほとんどの奉安殿は取り除かれた。現在、確認されているのは当地と、台南州の旧新化尋常小学校奉安殿の2ヵ所である。しかし、日本国内同様に、知られざる奉安殿遺構がまだあるのではないかと思う[3]。三叉河公学校の奉安殿は、戦後、破壊こそされなかったが、使用目的はないまま放置されていた。1970年代頃は倉庫として用いられ、その後、壁を取り去り四隅の柱だけ残し四阿風の建物に改造された。

　2003（平成15）年に創立百周年を迎えるに当たり壁や扉を復元した【写真1】。当校の奉安殿遺構が苗栗県唯一のもので、全島で2件しかない遺構の内の1件とわかったからである。その後、苗栗県の三級古蹟となった。復元した奉安殿を3代目と呼ぶことにする。

　3代目奉安殿はRC造による宝形造で屋根は銅板葺。基壇正面の寸法は約5メートル、奥行き4.9メートルでほぼ正方形。本殿正面は2.9メートル、奥行き2.6メートル。本殿の屋根部分までの高さは計測できないが4メートルほどはあるだろう。位置もそのままで移築などはしていないとのこと。本殿正面の外法は2.9メートルで内法は1.9メートル。その差1メートル。外寸は壁よりもやや厚めの柱部分も含めて計測したので、壁は片面で30-40センチ程度か。

地震後の再建であることを証明する堅固な造りである。建物の頂上部分には縦横高さが50センチくらいの鳳凰が置かれている。鳳凰は神輿の屋根についている金属製の鳥を思い浮かべるとよい。もっともこちらはキラキラ輝くものでなく青銅製である。また本殿両扉には桐紋がついていた。

　3代目奉安殿には、2代目建築当初の色、四阿改装時に塗装した色、復元にあたって補修した色の3色が混在している。基壇や階段の角部分のすり減った所も、修理部分がわかるようにしている。建物内部は白く塗られ正面壁中央には教育勅語の額、右に昭和天皇、左に香淳皇后の写真が掛けられている。台湾の小学校では3年生で郷土の学習があり、学校史の中で日治時代の建物が残っているという程度に扱っているそうだ。

　奉安殿は一般的に校門近くなど校内の目立つ場所に置かれた。しかし、当校の奉安殿は体育館の裏側に隠されるように置かれ、不自然であったので校舎配置に変更がなかったかを尋ねた。すると、新校舎になる前は、校門正面に奉安殿が置かれていたと言う。確かに『校史』に載る奉安殿の写真には、校門近くに奉安殿が建っている。そうした記憶を残すためであろう、奉安殿前庭にあたる所に旧校門の門柱の上部が遺されていた。奉安殿から見てベンチと思われた石造物は校門であった【写真2】。

　旧三叉河公学校奉安殿は、校舎配置が変更になったものの、学校内に残されていることに意味がある。旧三叉河公学校奉安殿が残された経緯については、教職員や学校内の校史室の案内をしている中年のボランティアの方もご存じなかった。時間をかけて周辺住民の方々を訪ねれば、事情を知る方を見つけることもできただろう。旅の途中のため時間がないのが残念であった。

　この日、通訳としてお供をしてくださったのは淡江大学博士課程在学中（当時）の坂井洋氏。御礼申し上げたい。（2005年9月16日訪問・苗栗県三義郷廣盛村80号）

【写真2】

2　旧新化尋常小学校奉安殿

　台南市から車で北東へ30分ほどの所に台南県新化鎮がある。現地の案内をして下さったのは当地の小学校校長を退職後、ボランティアで町の歴史解説をされている鍾騰氏。

　新化はオランダ支配時代（16-17世紀）、平埔族の大きな部落があった。平埔族は鹿皮などを売ったりして暮らしていたため経済観念が発達していた。平埔族はこの土地を「大目降」呼んでいた。「山林の土地、海や山のあるよい所」という意味で、海山の物産の中継地点として栄えた。

　新化小学校は1905（明治38）年に台南県尋常高等小学校大目降分教場として認可を受け、翌1906年に開校。奉安殿が設置されたのは1931（昭和6）年で、費用の半分は父兄や有志の寄付によった。そして、翌年御真影を奉戴した[4]。『台湾日日新報』（1929年（昭和4）年11月1日夕刊・漢文欄）に、台北市内の老松公学校で父兄有志からの3000円の寄付で奉安殿を建設した記事がある[5]。先の三叉河公学校奉安殿も新化小学校や日本国内と同様に地域の人々の寄付等でつくられたのだろうか。

　終戦後、新化小学校校舎は新化国民中学として使用された。しかし、新化国民中学は中学生生徒数増加のために他所へ移転した。元々日本人小学生数は公学校生徒数よりも少なかったため、入学してくる中学生たちを収容できなくなったからである。その後、空いた教室は地域の老人たちの集会所となった。そして、近年新しい集会所ができて旧新化小学校校舎の役は終えた。2006（平成18）年1月の訪問時、文化センターの造成工事が始まっていた。

　奉安殿は総RC造の入母造風【写真3】。基壇の高さが0.9メートル、さらにその上の基壇が0.6メートル、建物本体の高さは約3メートル。

【写真3】

地面からの合計は5メートル近い。屋根は両端がやや反り上がり、中国風とも言える形状の屋根であるが、国内でもこの程度の反りを持つものは少なくない。

　白く塗られた右側の鉄製扉上部に直径1センチほどの穴があいている。紋章を取り外した跡であろう。扉には重厚な錠前がかかっているため、内部はそのままだろうと予想している。いずれ内部の調査をする予定である。扉や三方の壁にあたる部分は白く塗られ「復興民族文化　敬老尊賢」「励行勤労節約厚植国力」「堅守民主陣容反共到□」「支援三民主義　統一中国」と赤ペンキで国民党のスローガンが書かれていた。

　日本人が引き上げた後、奉安殿取り壊しの話が持ち上がった。その時、地元の人たちが残すことを希望した。日本人や所有者であった新化小学校はすでになく、台湾人の子どもたちや地域の人々への奉安殿への最敬礼などの強制がなくなったからである。町の人々の日本人への悪い感情は少なかったこともあると鍾氏。それに加え、戦後大陸からやってきた国民党政府の日治時代の施設をことごとく破壊する方針に、当地の人々が反感を持ったという裏事情もあった。当奉安殿は県の古蹟指定は受けていないが、将来の指定に向けて準備が進められている。敷地に文化センターが作られるが、奉安殿は現状のまま残されることは決定している。しかし、建設用地は鎮政府、奉安殿は県政府が所有と、土地と建物の所有者が異なるため、内部調査ひとつでも簡単に事が運べないのが悩みの種のようであった。日本からわざわざ奉安殿を見にくる者がいるということで、新化鎮政府もこの奉安殿を大切にするようになると鍾氏が言われる。筆者などの訪問が、そのように生かされれば幸いである。

　当奉安殿の調査にあたっては、台南出身の東北大博士課程在学中（当時）の陳虹彣氏に道案内をお願いした。陳氏のご両親が当地へ事前に下調べに行った時、すぐ近くまで来ていたにもかかわらず、奉安殿のことを知っている人がほとんどいなかったそうだ。そのくらい、現在、当地での建物の知名度は低い。日治時代の遺物があることは見ていても、名称や昔の用途についてまでは知られていないからである。鍾氏は奉安殿について周辺住民の無関心な状況を知るため、工事が進展してからの扱いを懸念している。

　奉安殿のある旧新化尋常小学校に隣接して新化国民小学がある。鍾氏から新化国民小学には戦前の金庫が残されていることを教えられて、急遽訪問した。新化国民小学は大目降公学校として、明治31（1898）年に創立した台南州下の伝統校の一つ。

職員室の片隅にあった金庫は、予想した通り奉安庫であった。塗装が剥離している部分が見られるものの正面の扉には鳳凰の図絵と桐紋が残され、ダイヤル表記がイロハであった。奉安庫はまだ現役で書類等が入れられていた。新化国民小学には奉安庫だけではなく、「畢業生登記簿」(明治 38 年～昭和 20 年)と「高等科修了台帳」(大正 13 年以降)も保管されていた。また、戦前使用していた授業の始業を知らせる青銅製の鐘もあった。これを入学式の大切な行事として、新 1 年生の一人ひとりに打たせているとのこと。

　さらに驚いたのは、油絵の具が一部剥離しているものの「シュタンツ孤児院だより」の大きな複製画が校長室の壁に掛かっていたことであった。右下隅に「19□1、COPY MIYAOKA」と書かれているのが読めるが、西暦の年号の一部が欠損している。胡校長は、絵画が残されている由来を知る方はいないと言う。筆者の勤務校である玉川学園の創立者小原國芳は、戦前「シュタンツ孤児院だより」の複製画を作成し、新教育の啓蒙とともに広めていた。当時の玉川学園機関誌にはその宣伝広告が随所に掲載されている。この絵画は玉川学園製の複製画を元にして描いたのであろうか。この絵画は当地での新教育運動の広がりを語る品になると思われる。絵画の詳しい来歴がわかれば学校の歴史について一層深まって行くだろう。

　帰国後、陳氏の父君から便りが届いた。新化小奉安殿扉が開かれたことについての新聞記事と、鍾氏が撮影した当日の写真であった。数十年来開かれることのなかった奉安殿内には奉安庫が収められていた。写真で見る限り、状態は良好で桐紋や鳳凰の図絵が美しいものであった。新発見の奉安庫をどのように生かしていくのか楽しみである。

　本調査の通訳をして下さったのは東北大博士課程在学中(当時)の陳虹彣氏。奉安殿と新化国民小学の案内は冒頭に紹介した鍾騰氏。鍾氏を見出し、当地まで案内して下さったのは陳氏の父君。大勢の方々に感謝申し上げたい。(2006 年 1 月 9 日訪問・台南県新化鎮中興路 722 号)

　今回の報告は、調査年月日より若干の時間が経過している。報告内容は、調査時点のことになる。そのため、現在と多少の状況の変化が生じていると思われる。

【註】
(1) 奉安殿撤去経緯は、拙稿「東京都と神奈川県の奉安殿遺構調査」『法政史学』第68号。
(2) 佐野通夫「サハリン奉安殿探訪記」『植民地教育史年報』2003年 239-244頁。
(3) 東京都と神奈川県に奉安殿関係遺構が22カ所あることを拙稿で報告。その後、新たに神奈川県下米軍管理下の施設内で奉安殿関係遺構を確認した。
(4) 阿部由理香「新化尋常小学校奉安殿顛末記」『台湾教育史研究会通訊』2003年2月、26頁。
(5) 中央研究院台湾史研究所非常勤職員・林崎恵美氏の情報提供による。

【参考文献】
苗栗県三義郷建中国民小学『三叉建中百年情』2003年。
島嶼柿子文化館編『台湾小学世紀風華』2004年。
島嶼柿子文化館編『台湾百年小学故事』2004年。
片倉佳史『台湾日治時代遺跡』玉山社、2002年。
片倉佳史『台湾 日本統治時代の歴史遺産を歩く』戎光祥出版、2004年。
鍾騰『大目降古文物集』新化鎮文史工作室、2002年。
鍾騰『大目降老照片』新化鎮文史工作室、2004年。

英国ロンドン大学SOAS図書館所蔵の日本語稀少文献

戦時期(1930-1945)に刊行された文献の調査から

田中　寛*

1　はじめに

　英国の大学は複数の大学（学院）から成り立っていることが多い。これは歴史的に拡張してきた経緯にもよるが、立地に応じた環境的整備に係ることも大きいようである。一方、こうした分散型のキャンパスが英国独自の大学の学風を築いてきたともいえよう。ロンドン大学のSOASもその例に違わないが、何よりもここには世界各地からアジア・アフリカ関係の学究に集まる知の拠点的意味合いが濃厚である。類は朋を呼ぶ、というが、SOASの学風、歴史的土壌がさらに人的な交流を拡大してきたことは、その心臓部でもあるSOASの図書館の蔵書の充実度によっても知ることができる。当館には先人の努力によって集められた貴重な文献が所蔵されている。SOASの歴史については大庭(1988)、D.Arnold(2003)などに詳しいので、ここでは触れない。

　筆者は2004年度海外長期研究の一年、当図書館の各階をあたかも巨大な研究室のように使用させていただいた。小文ではそのほんの一部に過ぎないが、筆者の発見した戦時中の文献について報告したい。ここでの戦時中とは「満洲事変」勃発の1930年から第二次大戦終結の1945年までをさすものとする。

2．SOASの図書館管見

　ロンドン大学での筆者の待遇、身分はAcademic Hospitality（学術訪問員）である。到着早々、身分証明書の発行手続きを行なう。写真撮影を終えて発

---

*　大東文化大学

行されたカードはビル内部の通行証でもあり、図書館の入館証、貸出証にもなる。また、便利なことに料金チャージの機械を使ってコピーカードにもなる。一年間使用したカードは名前も写真も文字も擦り切れたが、右肩にあるSOASのロゴマークが私の滞在を記憶している。カードの裏にはThis card remains the property of SOAS. It must be presented upon request and is not transferable. (このカードはSOASの施設を含む。) と記されている。

最初にSOASの図書館を概観しておきたい。

1階は実は零階で、アラブ、イスラム、中近東関係の文献とコピー室、2階にはパソコンルームと東洋美術関係、3階がアジア、東南アジア関係の文献、日本・韓国研究室などの個別の研究室もこの階にある。4階が各種雑誌、5階も各種雑誌、新聞、インド関係となっている。4階にもコピー機がある。筆者は主として3階の日本文献コーナーを利用したが、歴史関係、とくに明治維新関係、幕末研究資料が充実している。インド関係では統治時代の文書資料も多く保管されている。

3．小説・戦争文学関係

3階に上って階下を見下ろすと、読書パソコンルームが壮観である。真剣そのもので頁を捲る音、キーを叩く音以外は聞こえない。あの南方熊楠が大英博物館で受けた感動を擬似体験したのである。右手に東南アジア関係、さらに中国関係の図書が並ぶ。正面に進むと日本関係の資料が並んでいる。外国人研究者による日本語、日本学の研究書、江戸時代、幕末関係、明治期の日本思想、歴史文献、コーナーに沿って日本経済、日本政治などの社会科学文献、そして国語学、日本言語文化学関係、文学評論小説、さらに韓国朝鮮文献と続く。

ある日、地下食堂で食事中でのことだった。高齢の英国紳士が私に話しかけてきて、日本語で賀川豊彦のことを語り始めたのである。聞けば、日中戦争中に中国大陸に報道関係の仕事で滞在していたというが、詳しい履歴は聞きそびれた。英国人にとって賀川はどのように評価されているのだろうか。文学作品のコーナーにいくつかの稀少と思われる文献があった。ひとつはその賀川豊彦(1888-1960)である。キリスト教伝道者、社会運動家。労働争議、農民運動、協同組合運動を指導、『死線を越えて』などの著作がある。日本の生んだ著名

な国際的クリスチャンであるが、次の2冊の著作の所蔵が確認された。
 (1) 賀川豊彦『海豹の如く』大日本雄弁会講談社　昭和8.5　441頁
 (2) 賀川豊彦『第三紀層の上に』大日本雄弁会講談社　昭和13.6　384頁
反戦作家としての評価もまた日本とは異なった文脈で受容されている。あるいは「大日本雄弁会」に関係する人がこれらの書籍を寄贈したのであろうか。また、これの叢書として日露戦役の旅順を舞台にした小説もあった。
 (3) 木村毅『旅順攻囲軍』大日本雄弁会講談社　昭和10.3 341頁
　次にいわゆる大陸文学、移民文学と称される、当時の特殊な歴史背景によって書かれたルポルタージュ的性格の小説がある。これらを戦争文学という範疇に入れるべきか、異論のあるところであるが、この2冊が先の3冊とともに、倫敦日本人会からの寄贈によるものであることは興味深い。
 (4) 和田傳『大日向村』朝日新聞社　昭和14.6　382頁
 (5) 小林實『新墾地』吐風書房(奉天市)　昭和17（康徳9）12　286頁
『大日向村』は満蒙開拓の先駆的模範村であったことから、しばしば喧伝されたが、本書は中でも広く普及したものである。『新墾地』は"外地"(「満洲国」)で出されたものであることに注目したい。
　戦争文学では次のものがあった。
 (6) 火野葦平『麦と兵隊』改造社　昭和13.9　236頁
　これらは専門的な見地からはそれほどの貴重な文献というわけではないかもしれないが、ロンドンにあっては稀少本であると思い、紹介する次第である。

4．日本出版年鑑

　3階の日本歴史、幕末明治維新関係のコーナーに『日本出版年鑑』が並んでいた。相当傷んだものであるが、当時の南方（東南アジア諸語）関係の語出版事情などを知るには便利な資料である。
 (7)『日本出版年鑑』(昭和18年度版)　日本出版会監修　日本出版協同出版社
 (8)『日本出版年鑑』(昭和19，20，21年度版) 同上
　(7)によれば、南方語参考書はマレイ語を中心に総点150冊におよぶ。解説

によれば必ずしも正確な記述にあらず、アジア各国の文化社会を理解するには不十分、とある。南方進出を受けて出版状況が著しく変化してきたことを知る貴重な資料である。同時に筆者はこの出版年鑑によって、次のような日本語・日本語教授関係の書籍の所在を確認することができた。(それぞれ昭和17、18年度分。当図書館には所蔵されてはいない)

(9) 桜木俊光『国語文化講座』朝日出版社
　　寺川喜四男『台湾における国語音韻論』台湾学芸社
　　工藤哲四郎『最新日本語教授法精義』帝教書房
　　啓明会・野村峰『支那語国民に対する日本語の教育』北隆館
　　大久保正太郎『大東亜建設と国語の問題』同盟通信社
　　窪田良平編『皇国文学6 日本語教育の問題』六融社
　　日本語教授研究所編『日本語教授指針入門期』大日本教化図書株式会社
　　建国大学研究院日語分班編『高等日語文範全6巻』健文社

(10) 各務虎雄『日本語選書　日本語教科書論』育英書院
　　鈴木正蔵『日本語選書　中国人に対する日本語教授』育英書院
　　中村忠一『日本語教授の領域』目黒書店
　　大出正篤『標準日本語読本第一』松山房
　　大東亜文化協会編『日本語の根本問題』増進社出版部
　　小原喜三郎『日本語の進出とカナの活用』廣文堂書店
　　坂本一郎『日本語基本語彙（幼年之部)』明治図書株式会社
　　杉武夫『日語会話各種表記法』大修館書店
　　志田延義『大東亜言語建設の基本』畝傍書房

5．詩集、歌集

次の2冊の所在が確認された。

(11) 加藤愛夫詩集『従軍』国詩評林社刊行　昭和13年版　27頁

これは高橋隆治「戦争文学文献目録」(『戦争文学通信』風媒社1975.1)にも未収録のものである。目次は以下のようである。

　　江南の野をゆく

蘇州、南京入城、南京、血の遺留品、揚子江を渡る
　鳳陽進軍
　　行軍、Y伍長、徐縣、酔翁亭、野戦病院、夜行軍、露営の朝、挺身隊、
　黄河を渡りて
　　黄河、黄河、歴城のほとり、済南を去る、苦縣、戦闘、農家
すべて七行に構成され、「詩集」ではこれを「国詩七行詩」と称している。
このうち2編を紹介する。
　　行軍
　昨日は橋をかけ　今日はぬかるみ
　江北の野は波を打って果てしもない
　邁進々々どこまで続く道だろうか
　陽が落てクリークの側で飯を焚いた
　戦友は着剣して省境を睨んで立った
　僕等は車上に天幕を張り　藁を敷いて
　いつともなく疲労と不安の眠りに更けていった
　　Y伍長
　僕等の数から欠けていった亡き戦友よ
　世田ヶ谷の学校を出るとき僕等八人腕を組んだ友よ
　早くも君は祖国の華と散ったのか
　雪深き故国に国のいとしき妻は何を思うであろう
　戦帽を片手に　僕の頭は静かに下る
　砲声止んで　遠く炎上の城が見え
　軍馬横たわり　闇は広野を埋めていった
中表紙に「この詩集に編まれた従軍詩二十篇については森永部隊岡田部隊の
検閲済である」と書かれている。わざわざ記したところに、戦時下表現の制約
が感じられる。
　もう1点は讀賣新聞社が募集した短歌選である。
　　(12) 齋藤茂吉、佐佐木信綱選　讀賣新聞社編『支那事変歌集』三省堂
　　　　昭和13.12　209頁
　　　　Selected Poems from the battlefront in China 1938[1)]
それぞれ現地篇、銃後篇があり、齋選64句、257句、佐佐木選103句、
279句を数える。

このほか、戦時下では「日本精神」を高揚するための種々の歌集が編まれたが、歴代の興国にかかる詩歌をアンソロジーとしたものに次のものがあった。

　⒀　塩谷温『興国詩選　皇朝篇』弘道館　昭和6.9　544頁

6．紀行、随筆

ここでは次の1冊を紹介する。

　⒁　安藤盛『紀行随筆　未開地』岡倉書房　昭和12.7　299頁

作者は「世界」各地を「放浪」した経験、見聞から、当地の生活、情景を率直に描き出すことに腐心している。目次は以下のようである。

　　南洋
　　南洋の回教徒風景、月と恋の島、南洋股旅の記、旅の明暗層、南海挺身隊挿話、八丈島から南洋へ
　　支那
　　南支那の伝統と迷信、荔枝の香味、北安の宿
　　満鮮
　　女を呑む桃色満洲、満鮮夏姿（一）、満鮮夏姿（二）

表紙には椰子の木の下でたわわな実を携える南洋の女性を撮った写真がある。表題からしても通俗的な読み物であるが、中には辛辣な観察眼があって興味深い。とくに「第三部」が興味深かった。少し長いがその箇所を紹介する。

　　何か女の声がした。振り返って見ると、そこにロシアの女がしなを作って微笑んでいた。私が立ち止まると、スカートの一方をつまんで側へやって来た。夜のストリートガールらしかった。私はそれと気がつくと、さっさと浪速通りの方へと、奉天駅を目標に大股に歩いた。ロシア女はやはりついてくる。

　　奉天神社の前まで来ると、そこを通りがかりの内地人女は、くるりと神社の方を向いてお叩頭して行く。内地人の男にはそういう者はなかった。女に多かった。私はそこへ立ったまま、それらの女を見守った。何ということなしに心を打たれる。

　　やわらかい肉の触感が左手の小指に感じた。ロシア女が近寄って私へ眼でささやきかけている。――食うに困って最後のものを投げ出して生

きつつある女であることは、これでハッキリとわかった。が、汗とワキガの臭が鼻にしみる。
　私は首を横に振って、その手を払って真直ぐに歩いた。涼を追う支那人や内地人の姿が街路に溢れていた。支那女は多く断髪にハイヒールで、軽快に歩いている。内地人の女の中にはモスの赤や水色のしごきを胸高に子供のようにしめて、フェルトの草履をはき、しゃなりしゃなりと練り歩いているのが大分眼についた。
　こうなると、彼女たちの上に私は冷笑があるばかりだ。恥さらしな、変な新しがる動物としか思えなかった。浪速通りは内地人の小商店がズラリと並んでいる。支那人相手の商売というものは何処にも見ることができなかった。全部奉天にある内地人相手の内地人商店である。
　これが満洲における「日本」の悲しい姿であると思うと泣きたい気持ちは一杯、胸に迫ってきた。満洲まで来て共食いの道しか知らないのだ。
——
　　　　　　　　　（旧仮名遣いは現代仮名遣いに改めた。傍点、引用者）
　最後の「満洲まで来て共食いの道しか知らないのだ」の一文は、その後の「満洲国」の行方を予言しているかのようである。

7．新聞、創作集

　ここでは現地で出された新聞に掲載された「文芸」作品を収録したものを挙げる。「陣中閑あり」ということもあってか、昭和17年の前半ぐらいまでは軍内部でもこうした宣伝物を出版するほどの余裕があったのである。

　⒂　比島派遣軍宣伝班編集兼発行『比島派遣軍陣中新聞南十字星文藝集（第一輯）』マニラ日日新聞社印刷部　昭和17.6　308頁
　　MANILA Jinchu Shinbun Minami Jujisei Henshu-bu
　　[Jinchu-Shinbun Minami Jujisei Bungei-shu]
　　A collection of literature contributed by Japanese soldier in the Philippines
　　To the field newspaper "South Cross", Manila, Hito Haken-gun Senden-han 1942 Vol.1 (only)

8. 作文集、目録、回想録など

　最後に、少年少女の書いた作文集を紹介する。
　⑯　国際連盟協会児童部編輯『現地で見た日支事変―在満支邦人児童の感想文―』国際連盟協会発行　昭和7.12　115頁
　　KOKUSAI-REMMEI KYOKAI JIDO-BU
　　Genchi de mita Nissh-jihen
　　:Accounts of the early stages of the Sino-Japanese War written by Japanese school children in Manchuria and China.
　　Edited by the Kokusai-Remmei Kyokai, League of Nations Association 1932

　作品を寄せた学校数は20、そのうち70余篇を収録している。児童のなかには日本人以外の名前も見られ、冒頭ハルビン普通学校の児童はすべて朝鮮族かと思われる。一種のプロパガンダとしての作文が少年少女の目と言葉を借りて述べられているのは、「満洲国」以外にも当時の外地における作文教育の特徴でもあった。
　図書館3階の日本・韓国文献研究室には次の目録があった。
　⑰　紀元二千六百年記念山口高等商業学校『東亜関係図書目録』〈和漢書分類之部〉

　昭和16年10月現在における山口高等商業学校（現山口大学）図書館および東亜経済研究所所蔵に係る東亜関係の「和漢書」で、「書名索引」「著者別目録」は『補助別冊』となっている。『目録』のなかにはたとえば、次のようなものも確認される。
　⑱　寺内部隊宣撫班本部『軍用支那語』（記載番号 11g:112）

　戦後に回想録として刊行されたものとして、インドネシアに関する戦時軍政を記録した読み物があった。
　⑲　黒田秀俊『軍政』学風書院　昭和27.12　224頁

　このほか筆者は滞在中、ロンドン大学SOAS図書館における近代から戦前戦中にいたるまでの国語学文献、さらに夏目漱石に関する類書調査を行なった[2)]。これらの中にも貴重な文献が含まれていることを附記しておきたい。

9．おわりに

　今でも思い出されるのは、あらためて多民族、多文化集団を象徴する歓談の光景である。SOAS図書館の内外でそうした光景に遭遇するたびに、筆者は日本の孤影をなぜか強く感ぜずにはいられなかったことを率直に述べておこう。それほどにここは濃密な思考空間であった。

　小文は筆者の日本語学研究の合間に渉猟したもので、時間さえ許せばまだまだSOASの図書館にひっそりと眠る稀少文献を調査しえたかもしれない。だが、そのためにはすべてを犠牲にするほどの本格的な取り組みが必要であろう。筆者にはそうした使命感に乏しく、かようなきわめて個人的な関心の領域にとどまったことは遺憾なことと述懐せざるをえない。一方、蔵書の実態、分類もさることながら、こうした文献が当時の倫敦日本人会等を通してどのような経路で持ち寄られたのか、という経緯についても非常な興味が持たれる。一冊一冊の書物にも代替できない歴史がある。

　調査の過程で感じたことであるが、劣化のひどい書籍のほとんどが表紙を修復したあと背表紙に英語（ローマ字）で表題が記されているため、書名の判別が容易でないもの、ラベルのないものも少なくなかった。日本文献の総合的な調査が望まれる次第である。これらの稀少本の発掘作業は一人個人の力に委ねられるべきではない。この保存記録にあたっては、当館を訪れる日本人研究者の地道な熱意協力に拠る以外にないだろう。この小文がそうした作業のきっかけとなることを望んでやまない。

　このたびの滞在に関しては何よりも日本研究センター所長（当時）のジョン・ブリーン博士のご厚意によるものであった。ここにあらためて深甚の謝意を表したい。小文執筆にあたっては諸事情により編集部からの依頼に大幅に遅れることとなり、御迷惑をおかけしたことをお詫びする。

注1）英訳は図書背表紙または表紙見返りに記されたものである。
注2）これらの報告に関しては参考文献を参照されたい。

【参考文献】
大庭定男(1988)『戦中ロンドン日本語学校』中央公論社
田中寛(2006a)「英国ロンドン大学SOAS図書館所蔵夏目漱石文献目録」『日本語学と日本語教育学のために』(私家版)所収
田中寛(2006b)「英国ロンドン大学SOAS図書館所蔵戦前戦中に刊行された国語学・日本語学関係文献目録」『外国語学研究』第8号　大東文化大学大学院外国語学研究科
David Arnold and Christopher Shackle "SOAS Since the Sixties" School of Oriental and African Studies University of London 2003

V．書評

李省展著(イソンジョン)
『アメリカ人宣教師と朝鮮の近代
―― ミッションスクールの生成と植民地下の葛藤』

駒込　武*

　帝国日本が、欧米列強に対しては従属的な帝国主義国であったという認識は目新しいものではない。だが、こうした一般的な規定を植民地教育にかかわる具体的事象に即して掘り下げた研究は、これまでほとんどなされてこなかったように思われる。植民地支配をめぐる研究は、支配者としての日本人と被支配者としての台湾人や朝鮮人との関係にもっぱら焦点化しがちである。イギリス人やアメリカ人宣教師の活動を射程に入れた場合でも、近代的な教育や医療の推進者という位置づけに止まり、宣教師自体の帝国主義的な世界観が問われることは少ない。だが、本書では、「帝国の中の帝国」という宣教師の言葉に着目しながら、帝国日本の中のアメリカ帝国の飛び地的な空間としてのミッションスクールの独自な位相について論じ、この「帝国の中の帝国」をめぐってアメリカ人、朝鮮人、日本人が繰り広げた関係を分析しようとしている。言葉を換えれば、アメリカもまぎれもない帝国主義国家だった事実をふまえつつ、帝国主義的な文化・価値観と近代的な文化・価値観が化合している構造の中で、アメリカ人宣教師が朝鮮に導入した帝国主義的な「近代」のあり方と、日本人がもたらそうとした帝国主義的な「近代」のあり方、そして朝鮮人自身が求めた「近代」のあり方が複雑に重層しながら葛藤する局面を「近代朝鮮の多様性」として問題化している。評者なりのまとめ方をすれば、本書の眼目は、「近代」をいわば単数形で捉える思考――それは「文明化の使命」として植民地支配下における上からの近代化を正当化する思考に容易に転じがちである――が支配的な現状において、「近代」を複数形――この場合の複数は単に量的ものではなく内部に葛藤・対立をはらんだ複数性である――で捉えようとしていることにある。

＊　京都大学大学院

「序」「あとがき」のほか、本書の各章の構成は次のようになっている。

第一章　帝国主義とミッション―二〇世紀初頭から「文化政治」期まで
第二章　扶植―ウィリアム・ベアードとピョンヤンのキリスト教教育―
第三章　拮抗―「改正私立学校規則」と宗教教育の自由―
第四章　葛藤―ピョンヤン対ソウル：朝鮮に一つの超教派高等教育機関をめぐって―
第五章　抵抗―独立運動をめぐる政治不介入の原則とその政治性―
第六章　相克―植民地権力とミッションスクール―
第七章　融合―北長老派ミッションスクールの指定学校化をめぐって―
第八章　離反―神社参拝の強要とミッションスクール―
結　章　瓦解―「帝国の中の帝国」の崩壊とアメリカ型近代の挫折

　第一章から第五章までは三・一独立運動までの時期を中心として叙述しており、第六章以降は1920年代の「文化政治」から30年代の「皇民化政策」期を主な対象としている。内容的には、評者のみるところ、導入的な第一章を別として、大きく三つのグループに分類できるように思われる。

　第一は、米国北長老派宣教師におけるピョンヤンとソウルという対立軸の存在に着目しながら、宣教師と総督府との関係を描いたものである。主に第二章、第四章、第八章、第九章がこれにあたる。本書によれば、朝鮮人社会でキリスト教コミュニティの占める比重の高いピョンヤンでは、福音主義的な信仰が支配的であり、植民地教育の体系からは相対的に自立した自己完結的な教育体系を構築し、総督府と敵対する傾向が強かった。これに対して、首都ソウルでは「世俗的」な関心が強く、総督府との摩擦をできるかぎり避けながら、ソウルに存在する他の教育機関との連携を図り、朝鮮人すべてを対象とした教育機関を構築していこうとする傾向が見られた。この構図は、1910年代にプロテスタント各教派による「連合大学」の設立地点をピョンヤンにするかソウルにするかという形で争われたばかりでなく、1930年代の神社参拝問題への対応に際しても、神社参拝を拒否して教育事業からの撤退を主張する宣教師と、総督府の弁明をさしあたって受容して学校存続を図ろうとする宣教師との対立にも影響したと論じられている。

　第二は、「宗教と教育の分離」政策をめぐる、宣教師と総督府の対立を主眼としたものであり、第三章と第七章がこれにあたる。第三章では、すべての私立学校における宗教教育・宗教的儀式を禁じた1915年の改正私立学校規則を

めぐって宣教師と総督府の間で行われた論争を詳細に分析した上で、改正規則への対応がさまざまな次元でキリスト教関係者のあいだでの分断をもたらしたことを明らかにしている。すなわち、組織維持の観点から総督統治の正当性を強調することで妥協の道を探る長老派宣教師・米国本国のボードと総督府に敵対する朝鮮の「愛国的キリスト者」、総督府による認可を優先したメソジストとこれを拒否した長老派、さらに長老派宣教師の内部でメソジストと同様の路線を追及しようとした少数派とこれに反対する多数派のあいだで分断が進んだと論じている。第七章では総督府が三・一運動後に改正私立学校規則を変更して宗教教育を認め、指定学校制度によって卒業生に上級学校進学の道を開いたことが巧妙な懐柔策としての意味を持ち、ミッションスクールの側では指定を得るために日本語の運用能力に欠ける朝鮮人教員を解雇したり、日本人教員を採用したりという対応を迫られることによって「植民地教育体制への編入」が図られたと論じている。

　第三は、三・一独立運動後に行われた総督府官吏と宣教師との非公式の会合について論じた第五章、および三・一独立運動に関わる宣教師や在米朝鮮人の言論を分析した第六章から構成される。他章が主に長老派関係の文書に即して論じているのに対して、この二章ではメソジスト関係の資料が活用されている。第五章では、同一の会合についての総督府の側の手記と宣教師の記録を対照しつつ、同一人物の意見について記録のあり方に重要な違いが見出されると論じ、朝鮮人が求めているのはjusticeだという宣教師の言葉を総督府側の手記では「不公平」への不満として翻訳・理解したことの問題性を指摘している。第六章では、三・一独立運動をめぐる宣教師の言論には「帝国主義の共犯者」という側面が見られると述べる一方、民主主義の原則に基づいて日本の専制統治を批判する在アメリカ朝鮮人の言論に「近代性の徹底による、日本の近代性批判」ともいうべき可能性を見出している。

　本書の大きな功績は、以上の簡単な要約からも明らかなように、フィラデルフィアの長老派歴史協会、ドゥルー大学のメソジスト歴史資料館などアメリカ人宣教師にかかわる英文資料を広範に渉猟していることである。長老派歴史協会所蔵文書については、澤正彦『未完　朝鮮キリスト教史』（日本基督教団出版局、1991年）においても活用されているが、澤の早逝により文字通り「未完」のままに終わっている。

　本書でとりあげられた資料の中には、興味深く、また重要なものでありが

ら、これまでほとんど知られてこなかったものが少なくない。たとえば、宣教師シャープは、キリスト教の教理と帝国日本を支える思想との間には「根本的な敵対関係」が存在すると説き、外交関係さえ変化すればキリスト教会に対する総督府の敵対心は直接かつ率直に表現されるだろうと1910年代の時点ですでに論じていたとされる。また、改正私立学校規則をめぐる論争において、総督府外事局長小松緑がアメリカでも「宗教と宗教の分離」はなされており、神学校を例外としてどのような学校でも宗教教育はなされていないと述べたことに対して、長老派海外伝道局書記ブラウンはこれをまったくの事実誤認として斥けた上で私立学校での宗教教育は自由であることを強調し、さらに教育学者モンローなどの見解も参照して総督府の政策が「現在アメリカ、英国で普遍的に実践されている教育的、宗教的自由を否定する」ものだと論じたとされる。総督府官僚の事実認識のおそまつさに改めて驚くと同時に、宣教師の存在を通じて総督府が帝国主義的な近代をめぐる「グローバル・スタンダード」を意識せざるをえなかった事情が鮮明に伝わってくる。この論争はまた、宗教と教育の位置づけをめぐる日米の差異を、単に比較するのではなく、関係史的に把握するための重要な手がかりを示してもいる。

　本書において主要な対象はアメリカ人宣教師であり、本書で用いている資料の多くは英文であるが、今日の韓国人による先行研究、さらに『崇実大学校百年史』のような学校沿革史が参照されていることも特筆されるべきだろう。特に学校沿革史に関しては、それを資料として活用するばかりでなく、日本語による研究にあっても今後の学校沿革史の編纂・改訂に寄与するような往還関係を構築する道筋が示唆されていると感じた。

　このように特に資料の博捜という点において重要な局面を切り開いた本書ではあるが、残された課題も大きい。以下、植民地期の台湾におけるイギリス人宣教師にアプローチしている自分自身の課題でもあることを自覚しながら、幾つかの問題点を指摘しておきたい。

　第一に、結章の「追記」において著者自身が認めているように、「近代朝鮮のミッションスクールが朝鮮人にとってどのような教育空間であったか」ということの分析が本書では乏しい。アメリカ人宣教師を主題とする以上、当然の帰結ともいえるが、朝鮮史という脈絡で見れば、固有名詞で登場する朝鮮人があまりにも少ない。評者も、台湾におけるイギリス人宣教師の文書を読み進めながら、固有名詞で登場する台湾人がきわめて少ないことに気づき、ネイティ

ブのコンバート（現地人改宗者）をいわば集団としてしか把握しない宣教師の態度自身が、帝国主義的な視線のあり方を示唆するものと感じたことがある。こうした宣教師の視線を朝鮮人や台湾人の立場から相対化するには、朝鮮人や台湾人の刊行した新聞など別種の資料を活用する必要がある。宣教師シャープによる峻烈な総督統治批判にしても、ミッションの見解であるばかりでなく、実は朝鮮人信徒の見解の一部を反映するものであり、宣教師はいわば「歪められた伝声管」として朝鮮人の見解をやや微温化した形で伝えているに過ぎないかもしれないのだ。ピョンヤン対ソウルという対立の構図にしても、朝鮮人社会におけるキリスト教コミュニティの規模ばかりでなく、質の相違を反映したものとして解釈する余地があろう。どのような階層のひとびとがどのようにミッションスクールを支え、連合大学設立構想や神社参拝問題においてどのような動きをしたのかを検討する必要がある。宣教師が膨大な文書を残しうる立場にあったのに対して、朝鮮人の言論を公表しうる場は植民地統治下ではきわめて限られていたので、資料的にはもちろん簡単なことではないが、ミッションスクールという空間、そしてアメリカ人宣教師の存在が朝鮮人自身にとってどのような意味を持ったのかという問題を本書でとりあげられた事実に即してより詳細に検証する必要がある。

　第二の問題点は、教育史や政治史の領域における関連研究とのつきあわせが不十分な形でしか行われていないことである。本書第七章で論じられた指定学校化をめぐる動向は著者の指摘する通りこれまで朝鮮教育史という文脈では見過ごされてきた問題なのだが、近代日本に関する研究に目を転じればキリスト教系学校の指定学校化をめぐる研究は少なくない。それにもかかわらず、本書では指定学校化ということが、専門学校入学者検定規程による指定を意味するという事実すら正確にふまえられてない。著者が教育史ではなくキリスト教史のディシプリンに中に身を置いてきたということもあるのだろうが、指定学校化をめぐる攻防の発見が重要であるだけに、その正確な位置づけのなされていないことが惜しまれる。また、政治史の領域では長田彰文『日本の朝鮮統治と国際関係―朝鮮独立運動とアメリカ1910-1922』（平凡社、2005年）が米国議会において朝鮮独立支持案が廃案となった経緯などに即して、朝鮮統治をめぐる帝国日本と帝国アメリカとの共犯的な構造を明らかにしている。長田の研究をふまえることによって、三・一独立運動をめぐる宣教師の対応が特殊なものではなく、当時のアメリカの「国策」と整合的であったことが明確になった

ことだろう。本書に限られたことではないが、研究の対象それ自体がキリスト教史／教育史／政治史というような領域別のディシプリンを越えた考察を要求しているにもかかわらず、個別の領域の内部での通用性だけが問題とされがちな状況は克服されねばならない。

　第三に、右の点にもかかわるが、先行研究批判が中途半端な形でしか行われていないという問題も気にかかる。第五章の注2などで先行研究の問題点を総括的に述べられてはいるものの、キリスト教史では澤正彦、教育史では阿部洋などの代表的研究をどのように批判的に克服しようとしているのかが明示されるべきであった。澤正彦について言えば、反共的な傾向のキリスト教史研究と自覚的に対峙する立場から、朝鮮抗日運動において共産主義者の果たした役割を高く評価し、1920年代以降は「キリスト教が担うべくして担えなかった包括的人間解放の理念を、共産主義運動が一定の限定のもとに担った」(澤正彦『未完　朝鮮キリスト教史』216頁)と論じているわけだが、本書では共産主義運動との関係にという問題には関心を向けていない。だが、本書に固有名詞で登場する数少ない朝鮮人キリスト者である李承晩の「解放後」の役割を考えても、澤の課題意識をなんらかの形で継承することが必要だったのではないか。教育史について言えば、阿部洋らがミッションによる「近代教育」の導入について論じてきたわけだが、その場合に「近代性」の内実として重視されていることがらと、本書において朝鮮人にとっての「近代的な主体形成」に関わる要素として重視されていることがら——たとえば、justiceやデモクラシーという価値観——とはどのように重なり、どのように異なるのか。こうした問題を考察することによって、本書のモチーフともいうべき「近代朝鮮の多様性」もいっそうクリアに浮かび上がったことだろう。

　このほかにも、本書の各章の初出論文の記述を反映してかなりの重複が存在する点や誤字・誤植が散見される点など本書の完成度には疑問を付す余地がある。しかし、帝国主義的なものと近代的なものが折り重なる構造をふまえながら「近代朝鮮の多様性」を解明しようとしたモチーフは斬新であり、本書で紹介された資料の豊かさはこうしたモチーフの適切さを説得的に提示している。今後、朝鮮教育史、朝鮮キリスト教史を学び、研究しようとする者にとって本書が必読文献の一つとみなされるべきことは確かである。

VI. 気になるコトバ

戦争の名称

桜井　隆*

はじめに

　2007年3月の研究大会において、ある発表の副題に「大東亜戦争」という用語が使われていた。これを「太平洋戦争」としなかった理由を尋ねたところ、中国・朝鮮地域の研究していて、太平洋方面のことは扱っていないからだ、との説明があった。
　しかし、戦争の名称は、単純に地域や交戦国名だけを示しているのではない。その戦争についてどのような立場をとっているか、という思想をも込めているのである。以下に個々の名称を解説する。

「大東亜戦争」

　真珠湾奇襲の2日後、1941年12月10日の大本営政府連絡会議において、戦争の名称が決議された。「今次ノ対米英戦争及今後情勢ノ推移ニ伴ヒ生起スルコトアルヘキ戦争ハ支那事変ヲモ含メ大東亜戦争ト呼称ス」とされ、これがそのまま12月12日に閣議決定された。同日、情報局よりこれを補足する発表があった。「大東亜戦争と呼称するは、大東亜新秩序建設を目的とすることを意味するものにして、戦争地域を主として大東亜のみに限定する意味にあらず」というのである。
　「大東亜戦争」とは当時の大日本帝国政府が自ら定めた名称であり、当然、その背後には「大東亜新秩序」というイデオロギーがあった。それゆえこの

* 明海大学

名称は、戦後すぐに禁止されることになる。

1945年12月15日、GHQより「神道指令」が発せられ、「公文書に大東亜戦争、八紘一宇なる用語ないしその他の用語にして、日本語としてその意味が、国家神道、軍国主義、過激なる国家主義と切りはなし得ざるものは禁ずる」とされた。これにより政府・マスコミは、GHQの検閲の下、「大東亜戦争」を一斉に「太平洋戦争」に置き換えた。

「太平洋戦争」

「太平洋戦争」という用語は、戦時中も海軍が一部で使用していたようであるが、戦後のこの名称変更は、英語 Pacific War に従った訳語と思われる。アメリカにとって、対日戦争の主戦場は太平洋であったので、これは戦争の地理的広がりを客観的に示した名称といえよう。

GHQの「神道指令」以来、「太平洋戦争」は「大東亜戦争」から国家イデオロギーを除去した言い換え用語として使われ、今日に至っている。

ただ、これはアメリカから見た名称である。日本にとって、戦争は中国や東南アジアでも行われていたのである。

また、現在では忘れられているが、この二つは戦争の期間も異にする。大本営政府連絡会議の決定に従えば、「大東亜戦争」の中には「支那事変（日中戦争）」が含まれる。一方、Pacific War はアメリカの対日戦争であるから、真珠湾（1941）以前の戦争は含まれない。

「日中戦争」「十五年戦争」

戦前「支那事変」と呼ばれていたものは、現在、「日中戦争」と呼ぶのが一般的である。「支那」という単語が差別語であるとされ、使用が自粛されると、その一環としてこの事変の名称も言い換えられたのである。

しかし、日中の戦争状態は、盧溝橋事件（1937）をきっかけとする「日中戦争（支那事変）」によって初めて生じたわけではない。1931年には「満州事変」が勃発し、これは1933年の塘沽（タンクー）協定によって一応の収束を

得るが、その後も小競り合いは頻発していた。それが盧溝橋事件につながるのである。

日中は1931年（満州事変）から1945年（終戦）まで、とぎれることなく戦争状態にあったといえよう。これを指して「十五年戦争」（あるいは「日中十五年戦争」）と呼ぶ。

「アジア・太平洋戦争」

1941年以降、戦争は中国・太平洋だけでなく、東南アジアにも拡大していった。

東南アジア地域の戦争だけを取り出して指す名称はない。しかし、戦争の全体像を明確に示すためには、この地域をも含めて呼ぶ必要であろう。そこで「アジア・太平洋戦争」という名称が使われ始めている。吉田（2007：vi）は次のように述べている。

> 当時使われた「大東亜戦争」は、あまりにもイデオロギー過剰な呼称であるし、現在一般的に使われている「太平洋戦争」も、日米戦争本位の呼称で、中国戦線や東南アジアの占領地の重要性が見失われてしまう可能性がある。（略）『岩波講座　アジア。太平洋戦争』全八巻では、満州事変、日中戦争、「太平洋戦争」という一連の戦争を、「アジア・太平洋戦争」という広義の概念で把握することを提唱している。あの戦争を、戦後も組み込んだ時間的ひろがりと、「帝国」という空間的ひろがりのなかで、とらえ直そうという問題意識に基づいてのことである。

日本が直接関わった戦争の全体を指す名称としては、これがもっとも適当ではないかと思われる。

「第二次世界大戦」

さらに大きな目で見れば、日本は日独伊三国同盟を通じて、全世界的な戦争

に関わっていたことになる。世界的規模の戦争の名称が「第二次世界大戦」（World War II）である。これは、1939年9月1日、ドイツがポーランドに侵攻したことをもって始まり、日本の降伏をもって終わりとする。

「大祖国戦争」

なお、ロシアでは、この時期の自国の戦争を「大祖国戦争」（Великая Отечественная война = Great Patriotic War）と呼ぶ。当時のソ連は独ソ不可侵条約を結んでいたが、1941年6月22日、バルト海から黒海にいたる国境全域でドイツの奇襲攻撃を受けた。これに対する反撃は、かつてのナポレオンの侵攻（1812）に対する愛国戦争になぞらえられた。ロシアでは対ナポレオン戦争を「祖国戦争」（Отечественная война = Patriotic War）と呼ぶところから、「大祖国戦争」という名称が生まれたのである。

ロシアは終戦直前の1945年8月8日、突如として「満州」に侵攻し、終戦後もなお千島列島を攻撃するが、この対日戦争も「大祖国戦争」に含まれる。しかしこの部分は、対ナポレオン戦争になぞらえることはできないであろう。斎藤（2005：23）は次のように疑問を呈している。

> ロシアをナポレオンの占領から解放してパリまで追撃し、祖国防衛を果たした戦争を祖国戦争というのであれば、ソ連をドイツ軍から解放してベルリンまで追撃し、勝利した大祖国戦争は1945年5月8日のドイツ降伏をもって終了したはずである。その後の日ソ戦争は祖国防衛のためではないのに、ソ連時代からずっと、日本が敗北する日までを大祖国戦争に含めている。これを疑問に思うロシア人はいるのであろうか？

戦争の名称

1930年代から1945年まで続いた世界規模の戦争は、一連のものであるが、様々な名称は、それが指す地理的広がりや継続期間を異にしている。さらに重要なのは、そこにはそれぞれイデオロギーが込められているということである。

戦争の名称の選択は、いくつもある同義語から思いついたもの選ぶというような単純な作業ではない。あの戦争について、自分がどのような立場をとっているかという、思想的表明でもあるのである。たとえば、遊就館[1]の展示では、「支那事変」「大東亜戦争」という用語が使われ、「日中戦争」「太平洋戦争」は一切使われていない。

　戦争の名称の選択には、慎重でなければならない。

【注】
（1）靖国神社に付設されている戦争博物館。

【参考文献】
斎藤治子　　2005　　『第二次世界大戦を見直す』　　東洋書店
瀬島龍三　　2000　　『大東亜戦争の実相』　　PHP文庫
吉田　裕　　2007　　『アジア・太平洋戦争』　　岩波新書

Ⅶ．彙報
日本植民地教育史研究会事務局

2007年1月～2007年12月までの本研究会の活動を報告する（文中、敬称略）。

（1）組織・運営体制

本研究会には、会則第7条によって、奥付頁記載の役員が置かれている。

役員の任期は3年、『年報』編集委員の任期は2年とされている（第9条）。編集委員を除く現役員は2006年3月の総会で選任されたため、任期中であり、編集委員の改選が行なわれ、桜井隆（委員長）・渡部宗助が退任、岡山陽子・小黒浩司（委員長）・中田敏夫・西尾達雄・芳賀普子を選任した。

本年の主な活動は以下の通りである。

1）研究会総会（年1回、研究大会時：2007年3月30日（金）・宮城学院女子大学）
2）運営委員会（研究大会の準備の他、日常的な会務のため、3回開催：2007年3月29日（木）午後・仙台ホテル、7月1日（日）午前・大東文化大学（国際シンポジウム準備委員会と合同）、10月28日（日）・午後・大東文化大学。その他、研究会入会申請承認などは随時電子メールによる委員会を設定、研究会通信の発行を担当）
3）研究部（ア、研究会を2回企画・案内・開催：7月1日（土）、大東文化大学、10月21日（日）、大東文化大学。※「定例研究会の開催」の項参照。イ、「植民地教科書比較研究」プロジェクトの遂行。※「植民地教科書比較研究プロジェクト」の項参照）
4）編集委員会（年報の編集と発行。※「年報『植民地教育史研究年報』の発行」の項参照）
5）事務局（事務連絡、会計、ホームページ管理等）

（2）第10回研究大会の開催

第10回研究大会は、2007年3月30日(金)から31日(土)にかけて、関東以北で初めてとなる仙台の宮城学院女子大学で開催された。参加者は、例年並みの会員約30名に加えて、朝日新聞と地元紙河北新報の「催し案内」などに掲載依頼したかいがあってか、会員外の10名近くの参加があり、またこの参加者の中から新たな入会者もあった。

1日目は、午後1時半から4時過ぎまで「国定教科書と植民地教科書　比較研究の魅力と困難——教科書の政治・社会・文化」のテーマで、シンポジウムを開催した。このテーマは、研究会員30名が参加している科研プロジェクト「国定教科書と植民地教科書の比較研究」に関わるものであり、渡部宗助が「発題趣旨」として、教科書の比較研究の意義を報告。その後、科研プロジェクトで理数科目担当の岩崎敬道、芸術科目担当の劉麟玉が研究の進捗状況と問題点を報告した。内容は、本年報関係論文を参照されたい。

　総会の後、大学からチャーターバスで日本三景の一つ、松島の懇親会場「松島センチュリーホテル」へと向かった。途中、夕闇迫る松島の手前で、松島湾が眺望できる丘にバスを回してもらい、小さな島々が散在する松島湾の眺望を楽しむことができた。

　2日目は、会員による以下の6本の「自由研究発表」が行なわれた。
　1）楊暁：日本占領下の台湾の殖民地教育論に対する再認識
　2）佐藤尚子：家庭科教科書にみる皇民化教育—大東亜戦争期台湾・朝鮮における事例の考察
　3）山本一生：公文雑纂にみる植民地教員ネットワーク
　4）佐藤由美：日本統治下の台湾・朝鮮における図画教育
　5）佐野通夫：朝鮮植民地末期の教育政策
　6）芳賀普子：日本語教員から人民軍の幹部へ—李学九(求)の軌跡から考える

　いずれの発表も植民地教育史研究の深化と発展を裏付けるものであり、それぞれの発表に対し活発な質問・応答があり有意義な研究大会であった。

（3）第11回研究大会の準備

　2007年10月21日の運営委員会において、研究大会・総会は、例年3月末に開催されてきたが、年度末際の土・日開催には差し障りもあるので、第11回大会は一週間繰り上げることにした。12月の「国際シンポ」（「植民地教科書比較研究プロジェクト」の項参照）との兼ね合いで、第11回研究大会・総会は3月23日（日）（於・大東文化大）一日だけの開催とする事にした。時間の制約もあって、自由研究発表と総会（＋懇親会）だけとするとしたが、「シンポ」開催の可能性も検討した。

（4）定例研究会の開催

　この間の定例研究会の日程、報告については以下の通り。

＊第18回研究会：2007年7月1日、大東文化大学・大東文化会館
　1）岡部芳広：植民地台湾における公学校唱歌教育の研究―大正後期から昭和初期にみられる、芸術教育への志向―
　2）韓炫精（ハン　ヒョンジョン）：日本植民地期朝鮮における新教育運動

＊第19回研究会：2007年10月21日、大東文化大学・大東文化会館
　1）田中寛：日中戦争下の植民地教育―「親日」政権下における教育の実状
　2）白柳弘幸：国定修身書と台湾公学校修身書―徳目比較の分析から
　3）宮脇弘幸：占領下緬甸の日本語教科書と国定国語読本の比較考察
　毎回、30名内外の参加者を得て、熱心に開催された。

（5）年報『植民地教育史研究年報』の発行

　第9号『植民地言語教育の虚実』を皓星社から発行した。特集は、前年度、玉川大学で行なった研究大会シンポジウム・テーマ「植民地「国語」（日本語）教科書は何を語るか」。この他、研究論文、旅の記録、書評、気になるコトバで構成。

　第10号編集委員会は、5月3日、8月9日に開催し、第10号投稿規程を定め、審査・編集・発行の準備を行なっている。

　また、「年報」編集委員会規程の作成が運営委員会に委ねられた。「会則」（3条）には、「編集規程と投稿要領は別に定める」とあり、これまで「投稿要領」は編集委員会で作成・実施して来たが、「編集規程」がなかった。そこで、編集規程を盛り込んだ「編集委員会規程」を作成（「会則」改定含む）し、2008年3月の大会で承認を得ることとした。

（6）「研究会通信」の発行

　研究会通信「植民地教育史研究」は、第22号（2007年2月20日付）、第23号（2007年5月30日付）、第24号（2007年10月31日付）の3号を発行した。

第22号（全6頁および別紙「研究大会の会場及び宿泊の案内について」）では、第9回研究大会（3月30日～31日）のプログラム、新入会者の自己紹介、第17回研究会の感想記、連載の「教育博物館だより」、研究会会員業績（2006年4月から12月）、年報第9号掲載論文等の予告を掲載した。第23号（全6頁）では、渡部代表の「研究会の『次なる10年』」、第10回研究大会報告、大会参加記、2006年度会計決算、2007年度予算、自己紹介、『年報』第10号投稿・執筆要領を掲載した。第24号（全6頁）では、12月の「国際シンポ」の案内、運営委員会便り、第18回、第19回研究会報告、「植民地教科書比較研究プロジェクト」報告、第10回研究大会参加記、トピックス、「教育博物館だより」を掲載した。

（7）植民地教科書比較研究プロジェクト

　研究代表者・宮脇弘幸で申請していた科学研究費補助金「日本植民地・占領地の教科書に関する総合的比較研究—国定教科書との異同の観点を中心に」は3ヵ年の第2年度を迎えた。本年度は各科目ごとの研究会を軸に、適宜定例研究会などでその成果を会員に伝えるとともに、2007年12月26日（水）午後、玉川大学・教育博物館において、「植民地教科書と国定教科書—何を教え、何を教えなかったか—」をテーマに国際シンポジウムを開催した。パネリストと報告題目は以下の通り。

　1）上田崇仁（徳島大学）：朝鮮総督府「国語読本」と国定「国語読本」の比較—第4・5期を中心に—
　2）蔡錦堂（台湾師範大学台湾史研究所）：戦時期台湾の公学校国語教科書と日本の国定国語教科書との比較
　3）金キョンミ（韓国・独立記念館）：1940年代の朝鮮総督府歴史教科書と国定教科書の比較
　4）槻木瑞生（玉川大学教育博物館）：満洲帝国「新学制」下の教科書と日本の国定教科書

司会：中田敏夫（愛知教育大学）、佐藤由美（埼玉工業大学）
　使用言語は、日本語および一部韓国語（部分通訳）である。

（8）その他
　1）研究会ホームページの管理の継続。URLは奥付に掲載。

2) 会員名簿の作成
　研究会通信第22号に合わせ、2007年1月29日更新の名簿を会員に配布した。
3) 会員「研究業績一覧」の作成・メーリングリストによる会員相互の情報提供
　会員相互の研究活動の交流のため、紙媒体および電子媒体によって相互の研究活動を知らせる手段を提供した。
4) 研究会活動の対外広報
　運営委員会に広報担当を置き、『年報』の広報等に努め、またさまざまな研究会・学会において研究会および『年報』の広報活動を行なった。

(事務局長・佐野通夫)

Ⅷ. 日本植民地教育史研究会 10年の足跡

資料の解題

①「日本植民地教育史研究会の発足と参加のお願い」(1997.1.31)
日本植民地教育史研究会発足の趣旨を述べ、発足会への参加を呼びかけた文書である。これは研究会のウェブサイトにも掲載されているが (http://colonialeducation.web.infoseek.co.jp/shushi.htm#shushi)、研究会のいわば原点というべき文書であるので、原版（A4判2ページ）を縮小して掲載した。

②小沢有作「アジアから信を得るために」
『植民地教育史研究』の創刊号（1997.5.5）に掲載された。①の「呼びかけ文」とともに、研究会発足の趣旨を示す文書である。

③運営委員会「アジアと共に歩む歴史教育－「新しい歴史教科書をつくる会」の歴史教科書に対する見解－」(2001.4.23)
この文書は、『植民地教育年報』第4号（2002.1）、また研究会のウェブサイトにも掲載されている（http://colonialeducation.web.infoseek.co.jp/rekishi_kyokasho.htm）。いわば手垢のついた文書であるが、あえて採録した。

この「見解」が出された2001年は、二つの大きな出来事があり、研究会の10年の歴史を区切る1年となった。ひとつは「逆流」と「余波」によって研究会が大きく揺らいだことである（渡部宗助「研究会の「次ぎなる10年」」『植民地教育史研究』第23号）。③の「見解」は、研究会がこの困難な状況をどのように克服したかを示す大切な文書といえる。

もうひとつの大きな出来事とは、小沢有作氏の逝去である（8月）。小沢氏は研究会発足の中心となり、初期の研究会を牽引した。①の「呼びかけ文」の起草も小沢氏とみられる。

日本植民地教育史研究会
10年の略年譜

　私たちの日本植民地教育史研究会は、2007年に創立10周年を迎えました。特に記念行事を企画することはしませんでしたが、10年と言うのはやはり一つの節目として、自らの足跡を確認する意味はあると思います。そこで、すでに踏み出していますが、次なる10年を拓くための基石・布石になることを願い、「略年譜」を作成することにしました。「略」となったのは、過去僅か10年間のことなのに、不明、不確かなことが意外に多くあって、個人としての記憶と記録の限界を自覚した結果です。

　なお、私たちの研究会以前に、1991年に始まる「満洲国」教育史研究会による「フォーラム」開催等の研究活動があり、それは植民地教育史研究会の前史と位置づけることが可能かもしれませんが、この「略年譜」では割愛しました。前史の位置づけをどうか考えるかの是非を含めて、この「略年譜」が日本植民地教育史研究会に関わった方々による共同の「年譜」（研究史）作成の呼び水になることを願っています。（渡部宗助）

日本植民地教育史研究会「略年譜」

年	月	日	事　項
1996年 （平成8）	6		中国より植民地教育史研究（「日本侵華殖民教育史研究」）の共同研究の呼びかけ（日本教育学会『教育学研究』63巻2号：王智新の呼びかけ文）
	9	23	教育史学会開催時（第40回・立教大）に意見交換（小沢、槻木、渡部）
	10	6	「ねぎぼうず」（小沢有作主宰）[1]で、植民地教育研究の組織化について意見交換
	11	・	科研費「日本占領下の中国教育に関する日中共同研究企画」（企画調査）申請
		19	宋恩栄（中国中央教育科学研究所）より、共同研究促進につき「書簡」（渡部宛）
	12	17	「植民地教育史研究会」結成の呼びかけ準備会（小沢、大森、

年	月	日	事　項
			佐藤〔広〕、竹中、渡部、他）
1997年 (平成9)	1 2 3	31 ・ ・ 29	植民地教育史研究会の発足準備会 日本植民地教育史研究会発会の「案内状」発送 「日本侵華殖民教育史」国際シンポジウム開催案内（北京シンポ） 日本植民地教育史研究会「発会式」（学士会館別館・本郷）、 　　39名出席 研究集会（年1回）、「通信」発行（年2回）、会則・会費（2000円） 運営体制（代表・小沢、運営委員・佐野、槻木、宮脇、渡部、 　　事務局長・佐藤〔広〕、大森、黒川、藤沢） 特別報告　佐野通夫：旧植民地から植民地教育を考える―韓 　　　　　　国とジンバブエ体験から―
	4 5 6 7 8 9 11 12	13 5 12 25 21 -25 23 3 15 ・ 6	第Ⅰ期・第1回運営委員会 「植民地教育史研究」創刊号、発行（2号から「通信」となる） 臨時運営委員会（宋恩栄の来日について） 運営委員会・北京シンポ参加者の打ち合わせ会 日本侵華殖民教育史国際学術研討論会（北京シンポ：日本か 　ら13名参加） 教育史学会（第41回・九州大）のシンポ「植民地教育史研究 　の再検討」 運営委員会・事務局会議（第1回研究集会の準備） 「通信」2号、発行 科研費「大東亜戦争」期における日本植民地・占領地教育の 　総合的研究を申請（→交付） 「竹村文庫」を訪問・閲覧（駒ヶ根市立図書館所蔵の植民地教 　科書）
1998年 (平成10)	2 3 3	15 10 23 28 -29	「通信」3号、発行 北京シンポの報告書『日本植民地教育史研究』編集・発行（科研費） 運営委員会・事務局会議（研究集会・総会準備） 第1回研究集会（国学院大） シンポ：日本植民地教育史研究の蓄積と課題…北村嘉恵・井 　　　　上薫・大森直樹 発　表：黒川直美：「満洲国」における日本語教育の実態、 　　　　小島勝：植民地と外国における日本人子女教育―そ 　　　　の連続性と非連続性―、片桐芳雄：記憶された植民 　　　　地教育―韓国・大邱での聞き取り調査報告― 総　会：（『年報』の発行、日本植民地教科書体大系の編纂・ 　　　　復刻の提起等）

年	月	日	事　項
	6	15	「通信」4号、発行
		21	運営委員会・事務局会議（第1回研究集会・総会のまとめ）
			『植民地教育史年報（1号）植民地教育史像の再構成』発行（皓星社）
	10	23	第2回日本侵華植民教育史国際シンポジウム（日中共催、宮崎公立大）佐藤広美・魏 正書
		24	運営委員会
		25	国際シンポジウム：20世紀教育の検証—植民地教育について—（日本国際教育学会との共催、宮崎公立大）
	11	・	科研費「日本占領・植民地下の中国教育史に関する日中共同研究」（国際共同）申請（→交付）
1999年 （平成11）	2	10	「通信」5号、発行
		27	宋恩栄先生を囲む会（日中教育研究交流会議との共催、早稲田大）
	4	3	第2回研究集会（専修大）
		-4	シンポ：「大東亜共栄圏」と教育…佐藤広美・祁 建民・宮脇弘幸・石 純姫
			発　表：李明実: 韓国日本強占期社会教育研究序説、高 仁淑: 朝鮮植民地支配と唱歌教育、小黒浩司: 大連図書館の成立—満鉄経営の展開期—
			資　料：金井三郎: 満洲国と私
	6	19	運営委員会・事務局会議
	7	10	運営委員会・事務局会議
	8	1	「通信」6号、発行
	11	・	『植民地教育史研究年報（2号）植民地教育史認識を問う』発行
	12	4	運営委員会・事務局会議
		24 -27	第3回日本侵華殖民教育国際学術研討会—中日教育的回顧与展望—（大連シンポ）（日本から会員等28名参加。来日の中・韓・米留学生含む）
2000年 （平成12）	1	22	第2回日韓植民地教科書シンポジウム（朝鮮奨学会）
	2	20	「通信」7号、発行
	3	7	運営委員会
		25	第3回研究集会（フォーレスト本郷）
		-26	シンポ：言語と植民地支配…李 守・藤沢健一・［王 智新（欠）］
			発　表：三ツ井崇: 朝鮮総督府「諺文綴字法」の歴史的意味—「近代」の朝鮮語を考える材料として—、上田崇

年	月	日	事　項
			仁: 植民地朝鮮の「国語読本」と内地の「国語読本」との関わり―読本の比較対照における問題―、山田寛人: 植民地朝鮮における日本人による朝鮮語学習の動機と目的―「月刊雑誌朝鮮語」掲載の朝鮮語奨励試験合格者体験記の分析をもとに―、冨田哲: 統治者が被統治者の言語を学ぶということ
			総　会:(会費2000円-4000円:第2期運営体制:運営委員・磯田、井上、王、佐藤〔広〕、佐野、弘谷、渡部、宮脇、編集委員・小沢、王、佐藤〔広〕、事務局長・大森)
	3	26	第Ⅱ期・第1回運営委員会
	4	15	運営委員会（第2回）：代表に宮脇を互選、運営委員会、編集委員会体制を確立
	5	27	科研費分担者会議（第4回国際シンポを実行委員会方式で開催することを決める）
	6	19	「通信」8号、発行
	9	30-	教育史学会（第44回・埼玉大）で、本会『研究年報』(1、2号) 販売
	10	1	
		25	「通信」9号、発行
	10	・	『日本侵華殖民地教育研究―第3次国際学術研討会論文集―』（大連シンポ報告書・中文）
	11	25	植民地教育史研究会（研究例会開催への始動、於・「ねぎぼうず」）　多仁安代: 大東亜共栄圏と日本語
		30	『植民地教育史研究年報（3号）言語と植民地支配』発行
	12	21	『日中教育の回顧と展望―第3回日本植民地教育研究国際シンポジウム報告書』
		22-24	第4回日本植民地教育史研究国際シンポジウム―植民地認識はいかに深化したか―（学芸大：中国、韓国、台湾から11名の研究者を招聘）
		23	運営委員会
2001年（平成13）	2	・	「自由主義史観研究会所属」本会会員の研究集会での発表の「自由」をめぐって運営委員会内に意見の対立生まれる（運営委員（1名）、事務局長等退会）
	3	24	第4回研究集会（青山学院大・青学会館） 発表：下司睦子: 仏領インドシナにおける仏植民地言語教育及びその政策、杉本幹夫: 発展した韓国・台湾、停滞するフィリピン―日本とアメリカの教育政策の比較、弘谷多喜夫: 日本統治下台湾の戦争動員（皇民化運動）期を生きた世代と教育の意義、竹中憲一:「満洲」に

年	月	日	事　項
			おける地理教科書の変遷
			総会：研究会のあり方、会費を4000円（「年報」含む）、研究部設置、「年報」編集規程と投稿要領、運営委員の補充（竹中）、4号編集委員（井上・小沢・佐藤〔広〕・竹中）
	4	19	運営委員会「第4回春の研究集会の報告と運営委員会の方針」
		23	同　　「アジアと共に歩む歴史教育―「新しい歴史教科書をつくる会」の歴史教科書に対する見解―」
	4	・	研究部発足に際し、会員に研究活動とその発表について「アンケート」調査
	6	2	研究部主催・第1回研究会（於・早稲田大）
			小沢有作:「つくる会」の歴史教科書を批判する
			佐藤広美: 植民地教育の支配責任と歴史の叙述について
		16	「研究活動ニュース」（第1号、研究部）発行
		・	「新しい歴史教科書をつくる会」の歴史教科書に対する「見解」を、北京シンポ、大連シンポ参加の中国人研究者等に送付
		・	「第5次日本殖民地教育史研究国際研討会―9・18「70周年」―」開催問題起こる
		26	運営委員会、同上の問題への「見解」（7.3、会員と中国の研究者に送付）
	7	7	第2回研究会（於・早稲田大）
			早稲田大学図書館植民地資料ツアー（竹中憲一）
			田中寛: 建国大学の理想と実相―皇道教育思想と言語観
			（8.25「研究活動ニュース」第2号）
	7	・	本会4.23「見解」（「新しい歴史教科書をつくる会」の歴史教科書に対する見解）の剽窃問題起こる（「在日中国人教科書問題を考える会」7.14「声明」で）
	8	1	「通信」10号、発行（発行時に9号と誤印字）
		12	本会の創設主唱者の小沢有作先生、急逝
	9	・	事務局長に佐藤（広）（宮脇代表兼務を解く）、事務局員に佐野、三ツ井
		3	第5次日本殖民地教育史研究国際研討会（9.18）の開催に「遺憾表明」
		22	第3回研究会（於・早稲田大）
			樋口雄一: 植民地支配下の朝鮮人に対する徴兵令・教育
			（10.10「研究活動ニュース」第3号）
	11	10	第4回研究会（於・早稲田大）
			満洲映画製作所制作「こども満洲」「満洲綴方使節」上映（竹中憲一）
			前田均: 台湾民衆史としての植民地教育史をめざして

年	月	日	事　項
			（12.12「研究活動ニュース」第4号）
		18	第2回運営委員会（活動報告、第5回研究集会準備、「年報」4号の編集）
	12	8	「小沢先生を偲ぶ会」（関係者の実行委員会主催、宮脇代表が追悼文）
		16	第3回運営委員会（第5回研究集会のシンポ、個人発表のこと等）
		23	第5次日本殖民地教育史研究研討会（9.18）開催について（「国際」の削除あり）
2002年 (平成14)	1	12	第5回研究会（於・早稲田大）
			槻木瑞生［姜 龍苑(延辺大)の緊急代理］：間島の朝鮮族と近代教育について（2.24「研究活動ニュース」第5号）
	1	31	『植民地教育史研究年報（4号）植民地教育の支配責任を問う』発行
	2	25	「通信」11号、発行
	3	30-31	第5回研究集会（早稲田大）
			シンポ：植民地支配と天皇制―欧米帝国主義支配との違いに視点をおいて―…古沢常雄、佐藤尚子、李 省展；佐藤（広）［指定討論］
			発　表：上田崇仁：ラジオを通じた「国語」教育―1945年までを通時的に、李笑利：学部編纂「日語読本」と「国語読本」の相関性、田中寛：戦時下日本におけるタイ語研究―＜植民地語学＞と日本語教育との関わりの中で、岡山陽子：植民地教育に対するパラオ人の見解についての一考察
			総　会：活動報告（試練の年）、研究会の恒常化、運営委員の一部交替（磯田から田中寛へ）、編集委員の一部交替・補充（竹中から田中へ、岡山）など
		同	旧植民地・占領地教科書復刻編集について―小沢亡きあとの同編集委員会（宮脇・佐野・佐藤）と皓星社との協議
	4	22	「研究活動ニュース」第6号（第5回研究集会「参観記」等）
	4	月	本会における「自由主義史観研究会」所属S会員の処遇について、問題提起
	5	18	第6回研究会（於・早稲田大）
			槻木瑞生：植民地教育史の方法について（6.15「研究活動ニュース」第7号）
		同	第1回運営委員会（S会員の処遇問題等）
	6	4	「通信」12号、発行

年	月	日	事　項
	7	13	第7回研究会（於・早稲田大） 　志々田文明：「満洲国」建国大学と武道教育（8.19「研究活動ニュース」第8号）
	9	14	第8回研究会（於・早稲田大） 　阿部洋：戦前日本の「対支文化事業」研究をめぐって（11.11「研究活動ニュース」第9号）
	11	30	第9回研究会（於・玉川大学教育博物館） 　大城盛有・白柳弘幸：玉川大学教育博物館所蔵・外地教科書について（03.1.10「研究活動ニュース」第10号）
	12	15	第2回運営委員会（総会準備、「年報」編集、会則改正、運営体制、S会員の処遇）
2003年 (平成15)	2	25	「通信」13号、発行
	3	5	第3回運営委員会（S会員の退会了承、会則整備〈学会案も〉、運営体制等）
	3	13	皓星社（藤巻）と出版事業計画について意見交換
		29 -30	第6回研究大会（四国学院大、会則改正によって「研究大会」と改称） シンポ：小沢有作の植民地教育論を検討する…柿沼秀雄・井上薫・李忠浩 発　表：宮脇弘幸: 統合支配と言語罰―諸外国と日本の比較、弘谷多喜夫: 日本統治下の台湾における学校と教師―主として明治期について、熊本県出身者・志賀哲太郎のことにもふれながら、佐藤広美：「新しい歴史教科書―教師用書」の検討、李政樹：植民地期朝鮮における日本語教育体験者に対する質問紙調査及び聞き取り調査、A・ホール: 満洲国の教科書：儒教、新教育運動、国家主義 総　会：会則改正（研究目的の明確化、組織体制の確立〈会計監査置く等〉）、新運営体制（代表・佐野、運営委員・井上、佐藤〔広〕、志村、田中、西尾、弘谷、宮脇、事務局長・井上、佐藤〔広〕、佐藤〔由〕、編集委員・田中、桜井、佐藤〔由〕、渡部、ＨＰ担当・三ツ井、研究部・宮脇、会計監査・佐藤〔尚〕、他） 外国人学校卒業生の国立大学入学資格を求める声明 『植民地教育史研究年報（5号）「文明化」による植民地支配』発行
	6	11	「通信」14号、発行
		22	第10回研究会（於・青学会館）

年	月	日	事　項
	11	1	小黒浩司: 日本植民地史のなかの岡松参太郎 芳賀普子: 戦後都立朝鮮学校に見られる二・三のこと 第11回研究会（於・青学会館） 佐藤広美:「戦争のできる民主主義」は認められるか―「新しい歴史教科書をつくる会」を批判する 樫村あい子: 日本軍政下シンガポール（昭南島）における日本語教育
		同	第Ⅲ期・第1回運営委員会（第7回大会準備、3.27-28法政大、シンポのテーマ）[この間、電子メール運営委員会2回]
		15	研究会HPの本公開
	12	24	三点セット（「年報」「研究叢書」「植民地教科書大系」）問題等で皓星社と話合う
2004年 （平成16）	1	・	大会シンポ準備（「歴史の記憶とオーラル・ヒストリー」（仮題）、斉紅深の招聘）
		・	「年報」（6号）の発行危ぶまれる（編集委員長の在外研究）
	2	4	代表を含め、「年報」編集委員会再開
	3	11	「通信」15号、発行
		27	第2回運営委員会
		27 -28	第7回研究大会（法政大） シンポ：歴史の記憶と植民地教育史研究…宮脇弘幸・斉紅深 発　表：林弘仁: 石川倉次の「台湾学生教授日誌」をめぐって、弘谷多喜夫: 日本統治下における「国民」形成と教育―陳培豊『「同化」の同床異夢』における分析の理論枠組みについて、白柳弘幸: 植民地統治下台湾における修身科教育―「公学校修身書」の軍事教材―、樫村あい子: オーラル・ヒストリーにみる日本占領下シンガポールの日本語教育 総　会：「年報」刊行の諸課題（編集・会員購入・宣伝販売等）、会費未納（3年）者問題、運営体制（運営委員に桜井（田中の残任・1年）、編集委員に白柳、監査の補充・廣川）
			『植民地教育史研究年報（6号）植民地教育の残痕』発行
	6	14	「通信」16号、発行
		27	第12回研究会（於・青学会館） 李尚霖:「台湾語」アイデンティティーについての一考察 佐藤由美: 植民地台湾・朝鮮からの留学生統計に関する一考察
	7	・	韓国教育史学会との学術交流（機関誌の交流）

年	月	日	事　項
	10	10	運営委員会（第8回研究大会・熊本県立大の準備、日程（3.5-3.6）確認、シンポのテーマ等）
		22	玉川大学教育博物館所蔵「植民地教科書」の便宜供用について懇談と依頼
	12	5	第13回研究会（於・青学会館）
			宝鉄梅: 満州国におけるモンゴル人の初等教育政策の展開
			佐野通夫: 日本統治下における朝鮮人の教育要求―1920年代民族系新聞の教育論調の分析をもとに―
2005年 (平成17)	2	24	「通信」17号、発行
	3	5	運営委員会（大会・総会準備等）
		5	第8回研究大会（熊本県立大）
		-6	シンポ：植民地教育史研究　いま、何が問題か―史資料・立場性・相互交流を考える―渡部宗助・西尾達雄・[桜井隆・欠]
			発　表：白恩正: 国民学校における文部省と朝鮮総督府発行の地理教科書、山本一生: 南満洲教育会について―会員の学閥の分析―、小黒浩司: 満鉄児童読物研究会の活動、宮脇弘幸: 中国人の「対日観」―アンケート調査より―
			総　会：活動報告、植民地教科書研究の促進、「年報」編集規程と投稿要綱の一部改正、新編集委員（小黒、芳賀）
			『植民地教育史研究年報（7号）植民地教育体験の記憶』発行
	7	25	「通信」18号、発行
	8	16	「植民地教科書比較研究」グループ参加募集
	10	16	第14回研究会（於・青学会館）
			中田敏夫:『台湾教科用書国民読本』と内地編纂国語教科書の語彙比較
			研究部:「教科書　比較研究」プロジェクトの説明と話し合い
		同	運営委員会（第9回大会準備、「教科書研究」の科研費申請について等）
	12	18	運営委員会（第9回研究大会シンポのテーマ等）)
		27	植民地・占領地教科書大系の復刻、当面断念（同編集委員会の解散）
2006年 (平成18)	3	2	「通信」19号、発行
		25	運営委員会（大会・総会準備等）
		25	第9回研究大会（玉川大学教育博物館）

年	月	日	事　項
		-26	シンポ：植民地「国語」（日本語）教科書は何を語るか…中田敏夫・北川知子・宮脇弘幸・［コメント］佐藤（広） 発　表：有松しづよ：朝鮮人女子の啓蒙に関する記事を通して見た総督府の政策意図、漆畑充：戦時下における内地朝鮮人留学生の統制と朝鮮奨学会の役割、金英美：韓国における日本語教育政策―第七次教育課程期の日本語教師確保を中心に―、弘谷多喜夫：在台日本人教師―熊本県人の記録―、山本一生：南満洲教育会の台湾視察―角板山蕃童教育所を訪問した満州地域教員、岡田泰平：フィリピン歴史論争と植民地教育研究―アメリカ期フィリピンの教員層の分析を中心に― 総　会：「植民地教科書研究」の立ち上げ（31名、科研費申請）、新運営体制（代表・渡部、運営委員・井上・岡山・佐藤〔広〕・白柳・田中・佐野・西尾・弘谷・宮脇、事務局・佐野・上田・漆畑・北川・山本、編集委員・小黒・桜井・芳賀・渡部、会計監査・佐藤〔尚〕、佐藤〔由〕）
		26	第Ⅳ期・第1回運営委員会（役割分担、企画部、宣伝・販売部を新設）
		同	「植民地教科書比較研究」グループの話し合い
	5	・	『植民地教育史研究年報（8号）植民地国家の国語と地理』の遅延発行
		同	「植民地教科書比較研究」に科研費交付の内示
	6	1	「通信」20号、発行
		24	運営委員会
		同	第15回研究会・植民地教科書研究中間報告会（於・大東文化会館） 前田均：石剛著「日本の植民地言語政策研究」を検証する、北川知子：朝鮮読本と国定読本の比較研究―芦田恵之助の教材観を手がかりに―、井上薫：植民地朝鮮における初期農業教科書を調査して、佐野通夫：1920年代の修身教科書比較―「天皇」の扱いを中心に―
	9	5	「通信」21号、発行
		15	運営委員会（研究大会・宮城学院女子大の準備「研究叢書」発行企画等）
	10	21	運営委員会（大会シンポのテーマ「植民地教科書研究の方法」〈仮題〉とシンポジストの人選等）
		同	第16回研究会・植民地教科書研究報告（於・大東文化会館） 田中寛：南京・長沙再訪の旅から、陳虹彣：台湾総督府編

年	月	日	事　項
	12	16	修官加藤春城の編纂理念の形成とその内容―国語教科書に着目して―、合津美穂：台湾公学校の「国語科」教育課程編成、白恩正：朝鮮総督府発行の地理教科書と文部省発行の地理教科書に表れた「満州及支那地理」、長谷川純三：文部省・朝鮮総督府著作理科書「稲」の教材観、白柳弘幸：国定・台湾・朝鮮の教科書発行年月について 第17回研究会・植民地教科書研究報告（於・天理大） 植民地教科書比較研究進捗状況報告（①植民地「国語」教科書と国定国語読本との比較、②植民地音楽教科書と国定教科書との比較、③植民地「地理/歴史」教科書と国定地理・歴史教科書との比較、④植民地「修身」「理科」教科書と国定修身・理科教科書との比較、⑤植民地芸術・体育・実業教科書と国定教科書との比較） 天理大学図書館見学（植民地教育関係資料）
2007年 （平成19）	2 3	20 26 29 30 -31	「通信」22号、発行 「年報」編集委員会からの「提言」（6項目） 運営委員会（大会準備、総会議題、編集委員の交替等） 第10回研究大会（宮城学院女子大） シンポ：国定教科書と植民地教科書　比較研究の魅力と困難―教科書の政治・社会・文化―渡部宗助［発題］・岩崎敬道・劉　麟玉 発　　表：楊　暁：日本占領下の台湾の殖民地教育論に対する再認識、佐藤尚子：家庭科教科書にみる皇民化教育―「大東亜戦争」期台湾・朝鮮における事例の考察、山本一生：公文雑纂にみる植民地教員のネットワーク、佐藤由美：日本統治下の台湾・朝鮮における図画教育、佐野通夫：朝鮮植民地末期の期の教育政策、芳賀普子：植民地期日本語教員から解放後人民軍の幹部へ―李学九（求）の軌跡から考える― 総　　会：植民地教科書比較を中心とした研究活動、国際シンポの企画、編集委員の交替（桜井・渡部退任、岡山・中田・西尾新任）等 『植民地教育史研究年報（9号）植民地言語教育の虚実』発行

【註】
（1）小沢有作は都立大学退官後、大学に再び職場を求めず念願の「たまり場」を作った。
　　（月2回隔週土曜日開催）

（渡部宗助）

『植民地教育史研究年報』01～09　総目次

植民地教育史研究年報01 ◎ 1998
植民地教育史像の再構成

創刊の辞　二〇世紀の遺しもの…小沢有作
シンポジウム　日本植民地教育史研究の蓄積と課題
　　発題・日本植民地教育史研究の蓄積と課題…事務局
　　報告・被支配民族の主体性をどのように捉えるか──台湾史の視点から──…北村嘉恵
　　報告・「日本帝国主義の朝鮮に対する教育政策」研究の視座…井上　薫
　　報告・日本における「満洲国」教育史像の検証
　　　　──「美談」から「他者」の視点へ…大森直樹
　　まとめ・日本植民地教育史研究の新展開へ…渡部宗助
論文　近代日本の教育と植民地
　　記憶された植民地教育──韓国・大邱での聞き取り調査をもとに──…片桐芳雄
　　外国と植民地における日本人児童生徒の教育──その連続性と非連続性──…小島　勝
　　日本植民地教育史のプロトタイプ試論
　　　　─『沖縄対話』『沖縄県用尋常小学読本』解読のための基礎視角─…藤澤健一
旅と出会いの記録
　　「大東亞教育」の開封
　　　　──シンガポール・マレーシア探訪記─…宮脇弘幸
　　「満洲国」教育の掘りおこし
　　　　──中国東北地方を訪ねて…磯田一雄
研究動向　方法論の広場
　　艱難なる第一歩─『日本殖民教育史研究』によせて…王智新
書評＋図書紹介
　　ましこひでのり著『イデオロギーとしての「日本」』…芳澤拓也
　　佐藤広美著『総力戦体勢と教育科学
　　　　─戦時下教育科学研究会における「教育改革」論の研究』…中島　純
　　山下晋司・山本真鳥編『植民地主義と文化人類学のパースペクティヴ』…桜井　隆
　　池　明観著『ものがたり朝鮮の歴史』…佐野通夫
　　斉　紅深編『東北地方教育史』…黒川直美
研究会の歩み　植民地教育史研究（創刊号─第4号）
あとがき
著者紹介

植民地教育史研究年報02 ◎ 1999
植民地教育史認識を問う

はじめに…年報第2号編集委員会
特集1　植民地教育の検証──中国・韓国・沖縄の研究視座から──
　　皇民化教育・同化教育と奴化教育
　　　　──日本植民地教育の性格を反映する概念の異同に対する比較──…斉　紅深
　　　付論　奴化教育とその日本語翻訳について…張　笑梅

植民地教育史と植民期教育史の間
　　　　——公開シンポジウムの「提案」の報告に代えて——…鄭　圭永
　　沖縄教育と台湾教育…又吉盛清
　　3つの報告に寄せて…近藤健一郎
特集2　「大東亜共栄圏」と教育——日本教育学と植民地支配下の現実——
　　「大東亜共栄圏」と日本教育学(序説)
　　　　——教育学は植民地支配にいかに加担したのか——…佐藤広美
　　占領下の蒙疆の教育…祁　建民
　　日本軍政下シンガポールの教育・言語政索…宮脇弘幸
　　植民地支配下の朝鮮における言語の「近代化」と「ナショナリズム」…石　純姫
　　4つの報告に寄せて…佐野通夫
論文
　　近代中日教育関係の変遷…魏　正書
　　韓国「日本強占期」社会教育研究序説…李　明實
　　朝鮮植民地支配と唱歌教育…高　仁淑
　　大連図書館の成立…小黒浩司
研究動向　方法論の広場
　　元兵士たちの罪責分析から私たちは何を認識すべきなのか
　　　　——野田正彰『戦争と罪責』が提起するもの——…君塚仁彦
　　中国地方教育史志における植民地教育史研究…宋　恩栄
書評
　　"体験"と歴史
　　　　——林 景明著『日本統治下台湾の「皇民化」教育』を読んで——…弘谷多喜夫
　　比較という方法について
　　　　——王 智新著『近代中日教育思想の比較研究』を読む——…牧野　篤
研究会の歩み
　　「植民地教育史研究」第5号～第6号　目次
お知らせ
　　中日教育の回顧と展望——第3回日本侵華植民地教育史国際シンポジウム——
　　　　…シンポジウム準備委員会
前号訂正とお詫び
編集後記
著者紹介

植民地教育史研究年報03 ◎ 2000
言語と植民地支配

はじめに…年報第3号編集委員会
特集1　植民地教育と言語問題（論文）
　　統治者が被統治者の言語を学ぶということ
　　　　——日本統治初期台湾での台湾語学習——…冨田　哲
　　植民地期の朝鮮語問題をどう考えるかについての一試論
　　　　——朝鮮総督府「諺文綴字法」を事例として——…三ッ井　崇
　　日本人による朝鮮語学習の経路と動機——『月刊雑誌朝鮮語』（1926-29年）掲載の
　　　　「合格者諸君の苦心談」の分析をもとに——…山田寛人

国定読本と朝鮮読本の共通性…上田崇仁
シンポジウム「言語と植民地支配」についての報告
　植民地国家の教育構造の解明へ…小沢有作
特集2　植民地朝鮮の教育と教育内容　日韓教科書シンポジウムから
　植民地朝鮮の普通学校における職業教育…呉　成哲
　実業的理科・作業理科の二重性――朝鮮総督府『初等理科書』『初等理科』と
　　　文部省『初等科理科』の教材観――永田英治
研究動向　方法論の広場
　歴史認識と研究の方法――植民地教育史研究とかかわって…弘谷多喜夫
　植民地期教科書復刻（朝鮮編）の取組とその意義…井上　薫
書評
　ファッシズムと反ファッシズムの中で
　　　――大串隆吉著『青年団と国際交流の歴史』を読む――…小林文人
　「植民地教育」――王智新編著『日本の植民地教育～中国からの視点～』――
　　　…横山　宏
　藤沢健一著『近代沖縄教育史の視角』…近藤健一郎
　多仁安代著『大東亜共栄圏と日本語』…宮脇弘幸
　磯田一雄『「皇国の姿」を追って』…佐藤尚子
編者自身の資料紹介
　日本植民地教育の絶頂期の言説を示す中核資料・『興亜教育』…佐藤広美
　朝鮮総督府編纂　第一期『普通學校國語読本』覆刻について…朴　英淑
朝鮮総督府編纂教科用図書刊行目録稿
研究会の歩み
　「植民地教育史研究」第5号～第8号
編集後記
著者紹介

植民地教育史研究年報04 ◎ 2001
植民地教育の支配責任を問う

はじめに…年報第4号編集委員会
特集　歴史教科書問題と植民地教育
　『新しい歴史教科書』批判
　　アジアと共に歩む歴史教育――「新しい歴史教科書をつくる会」の
　　　歴史教科書にたいする見解――…日本植民地教育史研究会運営委員会
　　「アジアの孤児」をつくる歴史教科書…宮脇弘幸
　　植民地支配責任は語られなかった
　　　――『新しい歴史教科書』の歴史記述を問う――…佐藤広美
　歴史教科書問題に思う（エッセイ）
　　不寛容の時代を生きる――歴史教科書問題に思う――楠原　彰
　　歴史教科書の問題に寄せて…蔵原清人
　　大東亜会議「共同宣言」と国連「植民地独立付与宣言」について…弘谷多喜夫
　　〈新自由主義〉と日本版「歴史修正主義」…松浦　勉
　　「新しい歴史教科書をつくる会」の言動を見て思ったこと…劉　麟玉
　　東アジア史における日本への歴史認識…中野　光

歴史教科書問題の背景を考える
　「教科書」を問う　歴史を問う…佐野通夫
　近年の教科書政策と歴史教科書問題…井上　薫
論文
　仏領インドシナ、ヴェトナムにおける植民地言語教育とその政策…下司睦子
　日中戦争期の朝鮮、台湾における日本語教育事情…多仁安代
　建国大学における理念と実相
　　　──皇道主義教育思想とその言語政策論をめぐって──…田中　寛
方法論の広場（研究動向）──第4回日本植民地教育史研究国際シンポジウムより──
　第4回日本植民地教育史研究国際シンポジウム
　　　──植民地教育史研究の方法についてのノート──…渡部宗助
　日本植民地教育史研究の意義と課題
　　　──日本近現代障碍者問題史研究の立場から──…清水　寛
　韓国における日帝植民地時代教育史研究動向…鄭　在哲
　台湾における日本統治期の教育史に関する研究動向について
　　　──特に最近10年（1991-2000）の成果を中心として…呉　文星
書評
　竹中憲一著『「満州」における教育の基礎的研究』…槻木瑞生
　佐藤由美著『植民地教育政策の研究［朝鮮・1905-1911］』…廣川淑子
　王智新・君塚仁彦・大森直樹・藤澤健一編『批判：植民地教育史認識』…三ッ井崇
　渡部宗助、竹中憲一編『教育における民族的相克──日本植民地教育史論』…石川啓二
　安川寿之輔著『福沢諭吉のアジア認識──日本近代史像をとらえ返す』…中島　純
　長野県歴史教育者協議会編『満蒙開拓青少年義勇軍と信濃教育会』…一盛　真
　呉成哲著『植民地初等教育の形成』…古川宣子
　陳培豊著『「同化」の同床異夢──日本統治下台湾の国語教育史再考』…前田　均
編者自身の資料紹介
　磯田一雄他編『在満日本人用教科書集成』…金　美花
追悼　小沢有作先生
　小沢有作先生略年譜
　追悼文（宮脇弘幸、楠原　彰、柿沼秀雄、佐藤広美）
　歴史教科書問題に寄せて──荒あらしい現代の転向者の言説…小沢有作
研究会の歩み
　「植民地教育史研究」第9号、第10号
編集後記
著者紹介

植民地教育史研究年報05 ◎ 2002
「文明化」による植民地支配

はじめに…年報第5号編集委員会
特集　シンポジウム（研究集会シンポジウム）
　植民地教育支配と天皇制──欧米帝国主義との違いに視点を置いて…井上　薫
　ベトナムにおけるフランスの植民地教育政策──「文明化使命」をめぐって…古沢常雄
　教育権回収運動下の中国キリスト教学校…佐藤尚子
　文明化とキリスト教化の相克──朝鮮における植民地権力とミッションスクール…李省展

「植民地教育支配と天皇制」について――指定討論者としての発言から…佐藤広美
シンポジウムの記録…運営委員会（井上　薫）
個別論文
　「満洲国」の蒙古族留学政策の展開…于逢春
　「東亜新秩序建設」と「日本語の大陸進出」――宣撫工作としての日本語教育…田中寛
　植民地朝鮮におけるラジオ「国語講座」――1945 年までを通時的に…上田崇仁
　朝鮮における徴兵制実施と朝鮮人青年教育…樋口雄一
　植民地解放後分断国家教育体制の形成、1945 ～ 1948 ――国立ソウル大学校と金日成綜
　　合大学の登場を中心に…金　基奭（許哲＝訳）
旅の記録
　開発・文化・学校―― 2001 年タンザニアの旅から…柿沼秀雄
　「南洋皇民」の公学校教育、そして今…宮脇弘幸
　植民地教育に対するパラオ人の見解――フィールドノートより…岡山陽子
　サハリン奉安殿探訪記…佐野通夫
方法論の広場（研究動向）
　日本植民地下朝鮮における体育・スポーツの歴史研究…西尾達雄
　植民地研究と「言語問題」に関する備忘録…三ッ井崇
　英語公用語論――植民地に対する「国語」教育イデオロギーと
　　戦時下外国語教育との関連から――…下司睦子
書評
　小森陽一著『ポストコロニアル』…弘谷多喜夫
　稲葉継雄著『旧韓国～朝鮮の日本人教員』…山田寛人
図書紹介
　槻木瑞生他『「大東亜戦争」期における日本植民地・占領地教育の総合的研究』
　　…佐藤由美
　宮脇弘幸編『日本語教科書
　　――日本の英領マラヤ・シンガポール占領期（1941-45）』…樫村あい子
研究会の歩み
　「植民地教育史研究」第 11 号、第 12 号
編集後記
著者紹介

植民地教育史研究年報 06 ◎ 2003
植民地教育の残痕

はじめに…年報第 6 号編集委員会
特集　小沢教育学の遺したもの
　公開国際シンポジウム「小沢有作の植民地教育論を検討する」…佐野通夫
　小沢有作の植民地教育論を検討する
　　――日本帝国主義支配下の朝鮮における教育を中心に…井上　薫
　小沢植民地教育論の射程―― AALA 教育研究会に同座した者の立場から…柿沼秀雄
　『在日朝鮮人教育論（歴史篇）』翻訳と小沢先生との出会い…李　忠浩
論文
　朝鮮総督府編纂『普通学校国語読本』の研究
　　――児童の「生活」に着眼した教材について…北川知子

戦後都立朝鮮学校にあらわれた問題点——戦後教育史の分岐点として…芳賀普子
新生南アフリカの教育制度と課題——教育の意味をめぐって…菊池優子
旅の記録
　台南・安平墓地の墓誌と公学校修身書教材…白柳弘幸
　シンガポールの「体験」・「記憶」・「思慕」
　　——元日本語学校生徒へのインタビューノートより…樫村あい子
方法論の広場
　植民地教育史研究の方法論と叙述に関するノート——目良誠二郎「オルタナティブと「和解」の歴史学・歴史教育を求めて」に触発されて…佐藤由美
書評
　西尾達雄著『日本植民地下朝鮮における学校体育政策』…井上　薫
　竹中憲一著『大連 アカシアの学窓——証言 植民地教育に抗して』…渡部宗助
研究会の歩み
　「植民地教育史研究」第13号、第14号
編集後記
著者紹介

植民地教育史研究年報07 ◎ 2004
植民地教育体験の記憶

はじめに…年報第7号編集委員会
Ⅰ．シンポジウム——歴史の記憶と植民地教育史研究
　シンポジウム「歴史の記憶と植民地教育史研究」趣旨…井上　薫
　口述を植民地教育史研究にどのように生かせるか…宮脇弘幸
　植民地教育体験者たちの口述による歴史…斉　紅深（劉麟玉＝訳）
　まとめ…弘谷多喜夫
　日本植民地教育史第七回大会に参加して——閉会での斉紅深の発言
Ⅱ．研究論文
　公学校修身書における軍事教材…白柳弘幸
　日本占領下「昭南島」における日本語教育
　　——エスニシティ構造の変化に着目して…樫村あい子
Ⅲ．研究ノート
　戦前の台湾・朝鮮留学生に関する統計資料について…佐藤由美・渡部宗助
Ⅳ．研究の広場（研究動向）
　韓国留学中のことども…三ッ井崇
　人口センサスをいかに読むか
　　——明治三十八年　臨時台湾戸口調査関連刊行物を中心に…冨田　哲
Ⅴ．旅の記録
　台南・安平墓地の墓誌と公学校修身書教材（その2）…白柳弘幸
Ⅵ．オーラル・ヒストリーを考える——私の体験
　貴重で切実な肉声をどこまで把握できたのだろうか…新井淑子
　パラオでインタビューを重ねてきて思うこと…岡山陽子
　オーラル・ヒストリー調査方法と課題——シンガポールでの体験…樫村あい子
　韓国・大邱での聞き取り調査…片桐芳雄
　語られた真実の重さ——台湾での採訪体験から…所澤　潤

オーラルヒストリー覚書…竹中憲一
私の聞き取り体験とシンポで考えたこと…弘谷多喜夫
実務家日本語教師が聞き取りをすると…前田 均
VII．書評
斉紅深編著、竹中憲一訳『「満州」オーラルヒストリー
　　──〈奴隷化教育〉に抗して』…山本一生
山根幸夫著『建国大学の研究──日本帝国主義の一断面』…志々田文明
山田寛人著『植民地朝鮮における朝鮮語奨励政策──朝鮮語を学んだ日本人』…三ッ井崇
山路勝彦著『台湾の植民地統治──〈無主の野蛮人〉という言説の展開』…中川 仁
百瀬侑子著『知っておきたい戦争の歴史──日本占領下インドネシアの教育』…佐藤広美
P. Lim Pui Huen & Diana Wong 編 War and Memory in Malaysia and Singapore
　　…宮脇弘幸
VII．資料紹介
『日治時期台湾公学校與国民学校　国語読本』…中田敏夫
熊谷明泰編著『朝鮮総督府の「国語」政策資料』…北川知子
『近代日本のアジア教育認識・資料篇』…渡部宗助
『在満学校関係者手記目録』作成について…槻木瑞生
IX．気になるコトバ
「国語」…北川知子
「満州語」「満語」…桜井 隆
「内地」という言葉…佐野通夫
X．彙報…井上 薫
編集後記
著者紹介

植民地教育史研究年報08 ◎ 2005
植民地国家の国語と地理

はじめに…年報第8号編集委員会
I．シンポジウム
植民地教育史研究　いま、何が問題か──史資料・立場性・相互交流を考える
いま、植民（地）教育史研究──僕の場合…渡部宗助
植民地スポーツ史研究で今求められている課題とは
　　──「植民地近代化論」との関わりで…西尾達雄
植民地教育史研究における言語の問題…桜井 隆
まとめ…井上 薫
II．研究論文
国語教育と植民地：芦田惠之助と「朝鮮読本」…北川知子
台湾総督府編修官加藤春城と国語教科書…陳 虹彣
国民学校期の『初等科地理』と『初等地理』との比較研究
　　──文部省発行1943年版と　朝鮮総督府発行1944年版を中心に（前編）…白　恩正
台湾の「国語」と民主化による多言語主義…中川 仁
III．研究ノート
オーラル・ヒストリーの研究動向
　　──ポール・トンプソン著、酒井順子訳『記憶から歴史へ』を中心に…樫村あい子

　　　　戦前の台湾・朝鮮からの留学生年表（稿）…佐藤由美・渡部宗助
　Ⅳ．旅の記録
　　　　台南・安平墓地の墓誌と公学校修身書教材（その3）…白柳弘幸
　Ⅴ．書評と資料紹介
　　　　志々田文明著『武道の教育力――満洲国・建国大学における武道教育』…田中　寛
　　　　竹中憲一編『「満州」植民地中国人用教科書集成』…新保敦子
　　　　金富子著『植民地朝鮮の教育とジェンダー
　　　　　　　　――就学・不就学をめぐる権力関係』…磯田一雄
　　　　松田吉郎著『台湾原住民と日本語教育
　　　　　　　　――日本統治時代台湾原住民教育史研究』…桜井　隆
　Ⅵ．気になるコトバ
　　　　「同化」…弘谷多喜夫
　　　　「満州」と「満洲」…槻木瑞生
　　　　「韓国語・朝鮮語・ハングル」…芳賀普子
　Ⅶ．文献・史料発掘
　　　　国立中央図書館台湾分館……冨田　哲
　Ⅷ．彙報…井上　薫
　編集後記
　著者紹介

植民地教育史研究年報09 ◎ 2006
植民地言語教育の虚実

はじめに…年報第9号編集委員会
　Ⅰ．シンポジウム　植民地「国語」（日本語）教科書は何を語るか
　　　　植民地「国語」（日本語）教科書は何を語るか
　　　　　　　　――台湾総督府編纂国語教科書からみた「内地化」の限界…中田敏夫
　　　　朝鮮総督府編纂『普通学校国語読本』が語ること…北川知子
　　　　南洋群島『国語読本』は何を語るか…宮脇弘幸
　　　　国定国語教科書と植民地――指定討論者としての発言から…佐藤広美
　　　　まとめ…渡部宗助
　Ⅱ．研究論文
　　　　日清・日露戦争と朝鮮語ブーム…山田寛人
　　　　台湾公学校の「国語科」教科課程…合津美穂
　　　　日本占領下の中国華北地方における日本語学校
　　　　　　　　――北京近代科学図書館付属日本語学校と新民教育館付属日本語学校…川上尚恵
　　　　南満洲教育会の台湾視察――「角板山蕃童教育所」を訪問した満洲教員…山本一生
　　　　朝鮮女性の社会教化に関する記事を通してみた総督府の政策意図…有松しづよ
　　　　国民学校期の『初等科地理』と『初等地理』との比較研究
　　　　　　　　――文部省発行1943年版と朝鮮総督府発行1944年版を中心に（後編）…白　恩正
　Ⅲ．旅の記録
　　　　台南・安平墓地の墓誌と公学校修身書教材（その4）…白柳弘幸
　Ⅳ．書評
　　　　多仁安代著『日本語教育と近代日本』…上田崇仁
　　　　佐野通夫著『日本植民地教育の展開と朝鮮民衆の対応』…山田寛人

劉麟玉著『植民地下の台湾における学校唱歌教育の成立と展開』…前田　均
　　　高仁淑著『近代朝鮮の唱歌教育』…前田　均
　　　喜田由浩著『満州唱歌よ、もう一度』…前田　均
Ⅴ．気になるコトバ
　　　「支那」と「中国」…桜井　隆
　　　「植民」と「殖民」…渡部宗助
Ⅵ．彙報…佐野通夫
編集後記
著者紹介

日本植民地教育史研究会の発足と参加のお誘い

　近代日本はアイヌ民族と沖縄の人びとに同化教育を進めたのを始め、一九四五年の敗戦にいたるまでの間、台湾、朝鮮、樺太、関東州、満鉄付属地、南洋群島を支配下に置き、植民地教育を行ってきました。さらに「満洲国」、「蒙疆」、「華北」以下の中国大陸にも傀儡政権を樹立して教育を支配し、東南アジア諸地域を侵略して占領地教育を実施しました。いわゆる日本植民地教育史と総称したいと思います。

　戦後五〇年のあいだ、日本植民地教育史研究はしずつですが、蓄積を重ねてきました。教育政策研究から始まり、教育内容研究、教師研究に深まり、植民地における子どもの主体形成を問う意識に到りました。聞き書きなど研究方法の重層化を見ています。また、概論的研究の域を脱して、個別研究が活発化しています。さらに、植民地教育と本国教育の相互関係を捉える研究が始まっています。植民地教育関係の文献の整理と復刻がこのような研究のひろがりを支えています。

　植民地支配終結後、半世紀経った今日、このような蓄積をふまえて、ようやく、日本植民地教育の歴史の全体像を描くことを試みることができるものと思います。全体像を描くという形で、その歴史の総括を試みることでもあります。そのなかで、また、個々の研究の位置や意味が照らしだされているでしょう。

　私たちは、こうして日本植民地教育史の総括を試みることが、教育研究における戦後責任を果たすことに通じると考えています。それがまた日本人による教育と教育研究における植民地支配責任の自覚を全うし、アジア諸国の人びとの教育と教育研究の信頼ある交流を実現する道になると考えています。

　すでに、植民地教育に関するアジア諸国の教育研究者と日本人教育研究者の共同研究がいくつも試みられています。これから、ますますその機会が増えるにちがいありません。その際問われるのは、植民地教育にたいする私たちの歴史認識であります。私たちはそれに応じうる確固とした主体でありたいと思います。また、もう一つ、すすんで共同研究に取り組みたいと考えています。

私たちは、以上の事柄を念頭において、日本植民地教育史研究会を発足させることにしました。研究会に参加し、議論を交わし、研究を交流してくださるようお願いいたします。

　　　呼びかけ人（五十音順）
　　　　阿部　洋
　　　　磯田一雄
　　　　海老原治善
　　　　王　智新
　　　　大森直樹
　　　　小沢有作
　　　　上沼八郎
　　　　久保義三
　　　　小島　勝
　　　　駒込　武
　　　　佐藤広美
　　　　佐野通夫
　　　　志村欣一
　　　　竹ケ原幸朗
　　　　槻木瑞生
　　　　弘谷多喜夫
　　　　宮脇弘幸
　　　　渡部宗助
　　連絡先
　　　東京都練馬区石神井台一－一九－六　　小沢有作
　　　電話　〇三－三九五－五九八九　　郵便番号一七七
　　　　　　　　　　　　　　一九九七年　一月　三日

アジアから信を得るために

小沢有作*

　今日、発会式を開くことができました。いいだしっぺの一人として、たいへん嬉しく思います。

　また、札幌の廣川淑子さんから長崎の広木克行さんまで全国各地からご参加を得ています。植民地教育研究の全国ネットワークができる見通しが立ちました。それもたいへん嬉しいことです。

　今日は、呼びかけ人を代表して、というより、その一人として、本研究会に寄せる思いをお話しし、はじめの挨拶に代えさせて頂きたいと思います。

＊　＊　＊

　本研究会の発足は、ややオーバーにいえば、私にとって40年来の願望でした。

　私は、1956年に、卒論で「朝鮮にたいする植民地教育政策の歴史」を書きました。そのころは一人ぼっちの研究でした。阿部洋さんも九州で同じ境遇にいたろうと思います。仲間がいて、侃々諤々（かんかんがくがく）の議論ができたらいいなあと渇望したものでした。

　私はその後、インドにたいするイギリスの植民地教育政策を調べたり、アメリカの黒人教育の歴史を調べたりして、1967年に、それらを『民族教育論』として出版しました。植民地教育研究についての私なりのまとめでした。

　そのまま進めばよかったのですが、すこし別の領域に足を踏み入れてしまいました。1960年代半ばから在日朝鮮人教育の歴史を調べるようになりました。ただ、これは日本植民地教育のコロラリーとしての性格を有しています。70年代半ばからは同和教育や沖縄教育の文献を集めはじめました。いわば日本におけるマイノリティと教育の問題に目を向けてきました。

＊　研究会代表

学校の研究を始めました。植民地教育を見ていますと、近代学校の役割が気になってきます。イリイチやフレイレの学校論から刺激を受けました。世界システムとしての近代学校と植民地教育をつなげて考える必要を思うようになりました。

廻り道をしましたが、90年代に入って、ふたたび、日本の植民地教育の問題に向き合うようになりました。大学院のゼミの共同研究の作品、「差別と侵略の教育史年表」（1993年）、「植民地教育記述にかんする東アジア教育史書の比較研究」（1996年）は、その表現でした。これらは日本、韓国、中国、台湾の若き学徒の共同研究に成ります。40年前に較べて大きく変わりました。

私は今、初心に戻り、生涯の仕事として植民地教育の歴史の研究にうちこもうと考えています。議論する仲間がほしいと願っています。これが研究会の発足を望む私の気持、内発的なるものです。

＊　＊　＊

それと同時に、研究社会上からの要請があるように思います。

立派な研究者とは私自身のことを思いませんが、それでも40年ほどを教育研究界で過ごしてみますと、痛切に求めることが出てきます。なによりも、日本近代教育史記述において植民地教育記述が必ず位置を占めるようにしたい、いわば確固たる市民権を確立したい、ということです。

戦前の日本帝国の教育において、植民地教育はそれを構成する二本柱のひとつでした。これを欠いて、日本帝国教育史は成りたちません。アジアを踏み台にしてきたのに、それを無視するとは理にかないません。アジアから不信を買います。

院ゼミで日本近代教育史書を数十点調べたことがあります。植民地教育を記述しているのは2割足らず。教職受験用の史書にはほとんど欠けています。日本近代教育史について持つべき教養のなかに植民地教育の知識を含めていないわけです。

これを直して、日本教育史書すべてが記述するようにするには、ただ書くように求めるのみでは、実行に到りません。材料を、それも体系化された材料を提供して、さあ、書きませんかといわねばなりません。

理想をいえば、『日本植民地教育史』という通史が必要です。こうして店を構え、教育学の一つの領域として独立宣言することが、必要です。研究のために必要であるというより、植民地教育という忘れ去られてはならぬ巨大な歴史

的事実のために必要なことです。

　肩ひじを張ったいいかたをしますと、私はこうすることが植民地教育に関心を注ぐ研究者の学問的使命だろうと考えています。

＊　　＊　　＊

　この研究会は日本の植民地教育研究の結び目になり、専門店を構えると同時に、教育研究界に向けては植民地教育の事実と研究からの発信基地になるものです。そうできる力量が体力的に備わってきました。

　植民地教育に関心を寄せ、調べる人が増えています。阿部洋さん、磯田一雄さん、佐藤秀夫さんらの研究グループの活動と成果を見て、それを実感します。ことに前田均さん、駒込武さん、大森直樹さんらの世代が活躍しているのに心強さを感じます。

　私が手をつけたころは教育政策レベルの研究が主でした。また、台湾、朝鮮に限られていました。このような狭さは今では乗り越えられています。教科書、カリキュラムを調べ、教師、生徒の動態に迫り、教育の内側に入っています。対象も「満洲国」、「南洋群島」、東南アジア占領地に広がっています。

　新井淑子さんのお話では、高等女学校研究の欠かせぬ一環として台湾、朝鮮のそれを調べているということです。こういう関心の広がりかたも大切です。

　植民地教育にかんする個別論文、著書は飛躍的に増えました。今は、このように個別の力量を結び、交流して、全体的な力量とする時期であろうと思います。こうしてこそ、また、発信基地たりうるだろうと思います。

＊　　＊　　＊

　日本植民地教育研究が求められるもうひとつの理由があります。アジアからの信を得なければならぬ、ということです。

　韓国、中国をはじめアジアの教育研究者と交流する機会が増えました。私が関わったものに限っても、日韓社会教育研究者の交流、中国東北地方教育史の共同研究、日中教育研究交流会議、教育学会研究大会「アジアと日本の共生」シンポジウムなどがあります。8月には「日本占領下の植民地教育史国際シンポジウム」の開催が予定されています。

　これらアジアの教育研究者と議論して痛感するのは、その人びとがとりわけ日本の教育研究者に日本植民地教育についての深い認識を求めていることです。認識することがその歴史を反省することにつながります。この認識と反省なくしてアジアからの信を得ることはできません。

日本とアジア各国の教育史書を比較して、思わず恥入った一点があります。アジアのそれは時代の中心的でき事として日本による教育侵略の事実を描き、糾しているのにたいし、日本のそれは無視したり、よくて副次的な位置にとどまっている点です。本国と植民地の史書の構成における歴然とした違いに驚くと同時に、本国日本が加害の事実を軽視し、顧みないことを恥ずかしく思います。

　私は研究会を作って日本の教育研究者が自主・自発に植民地教育研究を進めている、その姿勢がアジアからの信を得る第一歩であると考えています。これにとどまらず、アジアへの研究上の発信を積極的に行っていけたら、もっと良いと思います。

＊　＊　＊

　呼びかけの折には日本のことを中心に究めようと記しましたが、日本のことを知るには世界の植民地教育のことを知らねばなりません。世界の植民地教育のなかで日本の植民地教育を考えるという方法を持ちつづけたいと思います。

　その点で、佐野通夫さんがジンバブエと韓国の体験を較べてくださるのは、ありがたいことです。ご出席の里見実さん、古沢常雄さん、柿沼秀雄さんらラテンアメリカやアフリカの植民地教育に詳しい人たちの研究会参加を得るのは、たいへん心強いことです。

　本研究会が日本植民地教育を考えるとともに、世界の植民地教育を考える場になることを願っています。

＊　＊　＊

　20世紀に起こした不始末は20世紀中に全容を明らかにして後始末できたらいいなと思いますが、そういきそうにありません。ゆっくり粘り強くつづけるしかないようです。

　そう思いますと、本研究会も、いろんな考えを交流しながら、ゆるやかなネットワークとして機能していくことが、長続きのこつとなりましょう。せっかく始めたのですから、是非、長続きさせたいと思います。

『新しい歴史教科書』批判
アジアと共に歩む歴史教育
―「新しい歴史教科書をつくる会」の歴史教科書にたいする見解―

日本植民地教育史研究会運営委員会

1.「つくる会」の本音
「新しい歴史教科書をつくる会」（会長西尾幹二氏）は、2002年度版中学歴史教科書を編集し、検定を受けるため、申請本を文部省（現文部科学省）に提出した。2001年4月、137項目の検定意見を受け入れ修正した結果、検定に合格し、2002年度より教科書として使用することが可能になった。修正を受け入れたものの、西尾氏は「ほぼ趣意書に掲げた通りの教科書が誕生した」と述べ（『朝日新聞』4月4日）、「つくる会」の趣旨を通した教科書であることを公言した。

以下、「つくる会」編の中学歴史教科書にたいする私たちの見解を明らかにする。テキストは検定合格本でなく、申請本を用いる。理由は二つある。一つは、「つくる会」の本音が申請本においてより明確に示されているからである。二つは、検定時に修正したものの、教科書使用時に作成・配布される教師用指導書においては申請本の記述をそのまま利用するであろうと予想するからである。

2．日本によるアジア侵略の正当化
「つくる会」の教科書を貫く考えかたは、同会結成の趣意書に表明されている。「つくる会」は、日本によるアジア侵略（戦争と植民地化）に対して、これまでの歴史教科書は、

> 「近現代史において、日本人は子々孫々まで謝罪し続けることを運命づけられた罪人の如くにあつかわれています。」

と記し、アジア侵略を誤りと認めて反省することを「自虐史観」と名づける。「つくる会」は従来の歴史教科書を改め、「新しい歴史教科書をつくり、歴史

教育を根本的に立て直すこと」を目的とする。日本によるアジア侵略の非を認めず、従って、これを反省したり「謝罪」したりしない。かえって、日本の国益を名分にしてアジア侵略を正当化する。ここに、「つくる会」の歴史教科書作成の中心思想が示されている。これは日本とアジアの共存に背を向ける考えかたであり、アジアに敵対する思想である。私たちはこれを容認することはできない。

3.「つくる会」教科書のアジア観

「つくる会」の教科書における日本とアジアの関係史の記述は、日本のアジア侵略史を合理化することを主眼としている。私たちはここに焦点を絞り、彼らの見かたを批判する。

①韓国併合の合法化

「つくる会」の教科書の近現代史を貫く思想は、日本の自衛（安全保障）を優先させる見かたである。日本とアジアの近現代における関係史のいっさいをこの観点から説明する。日本と朝鮮の関係の捉えかたにおいて、それを如実に表している。「朝鮮半島と日本の安全保障」という項を設け、

　　「朝鮮半島は日本に突きつけられている凶器になりかねない」

という地政観を提示してはばからない。朝鮮を「凶器」にしないためには、朝鮮を日本に併合するのが日本にとってもっともよい方法であると考える（「韓国併合」の項）。

　　「韓国併合は、日本の安全と満州の権益を防衛するには必要であった……
　　…中略……それが実行された当時としては、国際関係の原則にのっとり、
　　合法的に行われた。」

これは当時の日本政府の考えかたそのままである。なお、中略の個所には、併合は日本に「経済的にも政治的にも、必ずしも利益をもたらさなかった」と記している。日本は経済的には損をするけれど、日本の「自衛」のため、合法的に、韓国を併合した。これは「つくる会」の持論の展開である。日本の国益本位の考えかたであり、併合という植民地化が韓国の人びとの民族的尊厳を踏みにじり、自立的発展を阻害したことに目を向けない。

②大国日本の論理

　大国日本のイメージを日本の子どもに浸透させるのが、この教科書のねらいの一つである。これは同時に日本のアジア支配を当然とする見かたを植え付け

る。日露戦争の勝利を大国日本の出発点と見る。この勝利によって、
> 「日本は欧米列強の仲間入りをし、……中略……大国としての義務と協約の中で進む」

ことになったと記す。「大国としての義務」とは何だろうか。「列強」間における植民地支配の相互承認である。「世界列強の仲間入りをした日本」という筋を立て、そこで、ロシア、フランス、アメリカ、イギリス各国と日本は協約を結んで、日本がそれらの植民地支配を認めるのと引きかえに、日本の韓国支配を承認してもらったと記述する。植民地領有国になったことが「列強」（＝大国）の証であるという考えかたである。このように大国日本を礼讃する説明は、日本の子どもに日本認識・世界認識を誤らせるのみならず、アジアの人びとをして日本に背を向けさせる。

③中国敵視の思想

中国の「排日運動」が、日本が中国にたいして戦争を起こす大きな原因になったと、くり返し主張する。例えば、「列車妨害、日本人学童への暴行、日本商品ボイコット、日本軍人の殺害など、条約違反の違法行為は300件を超えた。」である。こうした「排日運動」が満州事変を引き起こし、日中戦争を起こした原因だと説明する。もとより、他方に、中国における日本の権益と日本人の保護を戦争正当化の理由として挙げ、日本の「自衛」の範囲は中国にまで及ぶ。さらに、日中戦争長期化の理由として中国共産党の指導を挙げる。

> 「中国共産党は、政権をうばう戦略として、日本との戦争の長期化を方針にしていた。」

戦争長期化の原因は中国共産党にありという主張である。ともに、非は日本になく、中国にあるという責任転嫁の考えかたである。のみならず、南京事件と対比して、中国の残虐をいい立てる。南京攻略戦における日本軍による中国人20万人以上の虐殺は、「疑問点が多く」論争中であると述べたのちに、

> 「戦争だから、何がしかの殺害があったとしても、ホロコーストのような種類のものでない。」

といって、南京大虐殺を小さなでき事のようにカモフラージュする。代わりに、中国人による殺害を書きたてる。

> 「国民党は台湾人を3万人殺害し、中国共産党は……中略……チベットに侵攻し、現在まで128万人のチベット人を虐殺した。」

日本による戦争の非を棚上げして、中国、わけても中国共産党悪者論を展開

する。中国を曲解し、中国を敵視する論である。このような教科書を学べば、日本の子どもは中国人をこわいと思うようになるだろう。
④植民地近代化への貢献
　植民地支配は台湾、朝鮮、「満州」の近代化に貢献したというのが、「つくる会」のメンバーの主張である。しかし、この教科書の申請本には、植民地時代の台湾や朝鮮の様子に関して一行も書いていない。「満州国」についてのみ記している。
　　「五族協和、王道楽土をスローガンに、満州国は急速な経済成長を遂げた。
　　人びとの生活は向上し、中国人などの著しい人口の流入があった。」
　植民地支配当時の言説そのままのいいかたであり、「満州」近代化の礼讃である。日本の植民地支配によって、台湾、朝鮮、「満州」における近代化が進んだという評価が、かれらの植民地認識の中心をなす。日本がアジア諸国を植民地にしたのは、日本の利益のためである。その限度内で、植民地に近代的なシステムや施設を導入したにすぎない。植民地の人びとの福利のための近代化ではない。なのに、これをすり替えて、植民地の近代化に役立ったというのは、かれらの欺瞞的論法にほかならない。このような植民地認識を日本の子どもに植え付けると、この子らはアジアの真実――自立する力――を見誤る。アジアの子どもたちの歴史認識とも大きく喰い違う。これは相互理解に深い溝を掘る。
⑤東南アジア諸国の独立を導く
　「つくる会」の教科書は、太平洋戦争を、当時の東条内閣の命名にしたがって、「大東亜戦争」と呼ぶ。また、戦争の目的についても、当時の言い分をそのまま再現する。
　　「日本の戦争目的は、自存自衛とアジアを欧米の支配から解放し、大東亜
　　共栄圏を建設することである。」
　また、「大東亜会議」を開き、各国の自主独立やたがいの提携による経済発展、各民族の伝統文化の尊重、そして人種差別撤廃をうたう「大東亜宣言」を可決したと紹介し、さらに次のように記述する。
　　「日本はそれでも、欧米諸国が数百年もの間、決して認めなかった独立を
　　ビルマ、フィリピン、インド、ベトナム、カンボジア、ラオスの各国に
　　承認した。」
　このように、「大東亜戦争」は東南アジア諸国に独立をもたらしたと礼讃する。太平洋戦争を植民地解放戦争であったと性格づけるにほかならない。そし

て、自慢する。
> 「一九六〇年、国連総会で植民地独立宣言が決議された。それは大東亜会議の共同宣言と同じ趣旨のものであった。」

日本こそ植民地解放の先駆者であるという自賛である。日本による東南アジアの人びとの被害体験に目を向けない。なれば、東南アジアにたいする戦争責任、植民地支配責任がひとかけらも生じようがない。このような独りよがりの評価にたいして、アジアの人びとは背を向けよう。

4．歴史教育における二つの路線

①反アジアとしての「つくる会」の発足

「つくる会」の教科書は、以上のように、日本によるアジア侵略を誤りと認めず、これを正当化することを基本的な特徴とする。ふり返れば、「つくる会」そのものが、1996年の検定が中学歴史教科書に従軍慰安婦の記述を認めたことにたいして反発し、その削除を要求することを直接のきっかけにして、発足した（1997年1月、「つくる会」会報25号、教科書問題ハンドブック）。その前段には、1982年に設けられた「近隣諸国条項」にたいする反発が潜む。この年の検定において、文部省はアジアに対する日本の諸戦争を「侵略」と記述しないことを基準にした。これにたいし、アジア諸国から歴史の歪曲であると批判を受け、侵略という用語と解釈を認め、近隣諸国条項を定めた。西尾氏と藤岡信勝氏は、これによって「歴史教科書の転落が始まった」と断じる（『国民の油断』1996年）。

「つくる会」の歴史教科書の作成は、そもそも、アジア諸国による日本侵略批判を目の敵とする点に発している。感情的な反発を先行させているのである。

②アジアに背を向ける歴史教育

このようなアジア敵視の感情に促されて、かれらは日本によるアジア侵略を「謝罪」しない歴史教科書の作成を「決意」した。謝罪を拒否するかれらの歴史観は以上に見てきたとおりであるが、それは四つの見かたから成る。

第一に、かれらはアジアにたいする侵略、その戦争と植民地化を日本近代の根源的な誤りとして認めない。かえって、日本の「自衛」の名において合理化する。

第二に、日本の侵略が引き起こしたアジアの人びとの心身の痛苦をわかろう

としない。わかろうとする人間的視点が欠落している。従軍慰安婦の証言に耳を傾けようとせず、ひたすら連行の手続をあげつらう。南京事件における中国人虐殺については、その数の多寡のみを問題にする。

　第三に、アジアにたいする加害意識を欠き、侵略責任を取ろうとしない。アジアの人びとの民族的尊厳を踏みにじり、資源を侵略したとは考えない。

　第四に、日本による植民地化は朝鮮や中国の近代化に役立ち、太平洋戦争は東南アジアの独立を導いたと記述し、日本の貢献を称揚する。

　このような見かたに従って描かれた歴史教科書は、これを学習する日本の子どもたちをアジアへの侵略にたいして反省なき国民に育て、アジアとの共存に背を向ける道を歩ませる。また、日本の学校に学ぶ在日韓国・朝鮮人、在日中国人、東南アジアの子どもたちを、自民族およびアジアに誇りを持てない子らに育ててしまう。

③アジアと共に歩む歴史教育

　私たちは、このようなアジアに背を向ける歴史教育を批判し、アジアと共に歩む歴史教育を目指すものである。

　　私たちは、日本が戦争と植民地化という形でアジアを侵略した事実と意味を、
　　アジアの人びとの証言をとおして学び、
　　侵略を根源的な誤りと認識し、
　　侵略責任を自覚し、
　　日本の侵略と闘うことをとおして、
　　アジア諸国が独立を達成したことを理解する。

　これらが日本人として形成すべき歴史的知性であり、また国民的モラルである。日本の近現代史教育は、このような視点と内容をこめて構成されなければならない。このような歴史教科書を学ぶことをとおして、日本の子どもたちはアジアと共存する道を歩み、日本の学校に在籍するアジアの子らも自らに誇りを持って歩むことができる。

2001年4月23日

編集後記

　大江健三郎の『「知る」と「わかる」』（朝日新聞「伝える言葉」掲載）という文章をよく思い出す。この冒頭には、ある高校生から講演依頼があり、「知る」ことより「わかる」ことへの手掛かりになる話を聞かせてもらいたいという要望だったことが紹介されていた。昨今のブームとも言えるテレビのクイズ番組での、脈絡のない「知識」量がひたすら試されている中、心ある高校生だと思った。大江は「知る」ことから「わかる」へ進むことで、知識は自分で使いこなせるものとなる、さらにはすっかり新しい発想に至る、即ち「さとる」ことになると述べている。教育とは「わかる」「さとる」へとつないでいくことにこそ使命があるとも言う。大江のよき理解者であったE・W・サイードはrepresentということばで、表現する・主張する・代弁することをひとまとめにしたが、「知る」ことに始まり「わかる」ことでしっかり身に付け、様々な事象について考えることを言葉にする、そうしたことができる個人こそ社会に役に立つ「知識人」だと定義する。

　論文の投稿はしても編集という役割は初めての経験。改めて「教育史年報」の体裁を眺めてみた。シンポジウム、研究論文、研究動向、研究資料、旅の記録、書評、気になるコトバ、附録まで、実に多彩で、読み応えのある中にも楽しさがあふれている。本号で新たに加わった研究資料も時宜にかなったものと思う。

　「教育史年報」の役割は研究会と連動し、きっと読者の中に、「知る」こと、「わかる」ことを通し、「さとる」ことができていく、そんなきっかけとなる存在になることだろう。「教育と教育研究における植民地支配責任の自覚」をもち、「アジア諸国の人びととの」「信頼ある交流を実現」し、「アジアから信を得ることのできる学術的研究をすすめ」られること、これこそが「さとる」ことなのだと考える。（中田敏夫）

　私と本会との関わりは2000年3月からであった。翌年いわゆる2001年問題が起きた。今思えばこの会の一つの試練の時期に加入したのだと思う。その時に本会の創設者故小沢有作先生が発言されたことで、正確ではないが、私の頭に残っていることがある。それは、イデオロギーの違いを強制的に排除してはいけない、議論を尽くすことに努力しなければならないということだった。戦前の言論統制の中で生きた体験を踏まえた発言だったように思う。このことは研究に携わる者として大切にしたい。

　今回編集委員として関わることになった。編集会議は'小黒イズム'というか、和やかさの中に一本筋を通す姿勢で進められ居心地は非常に良かった。しかし発展途上にある会の状況を反映して、編集作業でも土台づくりと並行しながら進められ、幾つかの課題が浮かび上がってきた。投稿論文数の問題、審査や執筆依頼のあり方、表紙のタイトル付けとシンポジウムとの関わりなど、編集委員会だけでは議論できない問題が含まれていた。会として年報をどのようなものにしていくのか、前号での問題指摘を含めて現状と今後について検討する必要があるのではないか。その際に「年譜」は示唆を与えてくれるように思う。それは、この会が常に生まれた経緯に立ち返りながら歩んできたことである。会結成の「呼びかけ文」にある「教育と教育研究における植民地支配責任の自覚」をもち、「アジア諸国の人びととの教育と教育研究の信頼ある交流を実現する」ことによって、本研究会の目的である「アジアから信を得ることのできる学術的研究をすすめる」が出来るということである。この点を外さなければ、いろいろな議論ができることが本会の精神になっているように思う。今後も多様な議論が展開できる雑誌にして行きたいしそうあって欲しい。小黒さんはじめ皆様、ほんとうにご苦労様でした。（西尾達雄）

著者紹介

渡部宗助
埼玉工業大学基礎教育センター。日本近現代教育史。
『日本植民地教育史研究』（編著、国立教育研究所、1998年）、『日中教育の回顧と展望』（編著、国立教育研究所、2000年）、『教員の海外派遣・選奨政策に関する歴史的研究』（著、国立教育政策研究所、2002年）。

岩﨑敬道
武蔵工業大学知識工学部。1951年生まれ。
「実践記録を読み、書くことで授業づくりへ」『理科教室』2007年11月号、「子どもたちを発達させる教師　子どもたちに支えられる教師」『さいたまの教育と文化』44号（2007年）、『(21世紀の学力を育てる) 中学理科の授業』第1分野上（共著、星の環会、2000年）

劉　麟玉
人間文化研究機構連携研究員。日台音楽教育史、日台音楽文化史。
『植民地下の台湾における学校唱歌教育の成立と展開』（雄山閣、2005年）、「歴史的脈絡下における黒澤隆朝と桝源次郎の交差―台湾民族音楽調査 (1943) 前後の時期をめぐって―」『お茶の水音楽論集特別号　徳丸吉彦先生古稀記念論文集』（2006年）。

田中　寛
大東文化大学外国語学部教授。中国・湖南大学客員教授。専門は日本語学、対照言語学、日本語教育史。主著に『日本語複文表現の研究』（白帝社、2004）、『統語構造を中心とした日本語とタイ語の対照研究』（ひつじ書房、2004）、『「負」の遺産を越えて』（私家版、2004）などがある。

陳　虹彣
東北大学大学院教育学研究科博士課程後期修了。「日本統治下台湾における「国語」という教科の成立と伊沢修二」『教育思想』第34号（東北教育哲学教育史学会、2007年）、「日本植民地統治下の台湾教育会に関する歴史的研究」梶山雅史編著『近代日本会教育会史研究』第十二章所収（学術出版会、2007年）。

李省展
『ちょっとヤバいんじゃない？　ナショナリズム』（解放出版社、2006.10）、『アメリカ人宣教師と朝鮮の近代――ミッションスクールの生成と植民地下の葛藤』（社会評論社、2006.1）。

佐藤由美
「青山学院の台湾・朝鮮留学生に関する記録【1906-1945】Ⅲ」（青山学院大学教育学会『教育研究』50号、2006.3）、「青山学院と戦前の台湾・朝鮮からの留学生」（『日本の教育史学』47集、2004.10）。

白柳弘幸
玉川大学教育博物館。研究分野は日台近代教育史及び自校史（玉川学園史）。
「台湾教育史現地調査　その2」『玉川大学教育博物館年報』第4号、2007年3月。
「台湾公学校における修身教育の創始―領有直後から明治末年まで―」『台湾教育史研究会通訊』第四十三期、2006年2月。

駒込　武
京都大学大学院教育学研究科准教授。
「「帝国のはざま」から考える」（『年報日本現代史』第10号、2005年）「朝鮮における神社参拝問題と日米関係」（『岩波講座アジア太平洋戦争4　帝国の戦争経験』岩波書店、2006年）、駒込武・橋本伸也編『帝国と学校』（昭和堂、2007年）。

桜井　隆
明海大学外国語学部日本語学科教授。1948年東京生まれ。東京大学大学院人文科学研究科博士課程単位取得退学。言語学。
「戦時期の外来語使用」『戦時中の話しことば』（ひつじ書房、2004年）など。

佐野通夫
日本植民地教育史研究会事務局長。四国学院大学教員。1954年生まれ。

『日本植民地教育の展開と朝鮮民衆の対応』（社会評論社、2006 年）、『アフリカの街角から』（社会評論社、1998 年）、『〈知〉の植民地支配』（編著、社会評論社、1998 年）、『近代日本の教育と朝鮮』（社会評論社、1993 年）。

CONTENTS

Introductory Remarks .... Editorial Board . . .3

I. Symposium "A comparative study of Japanese Authorized Textbooks and Colonial Textbooks – its attractions and difficulties"

A comparative study of Japanese Authorized Textbooks and Colonial Textbooks — its attractions and difficulties .... WATANABE, Sousuke . . .6

Goals and viewpoints of colonial science textbooks for Korean elementary schools .... IWASAKI, Takamichi . .13

A viewpoint of studying elementary school's song textbooks published by General — Government of Taiwan: Through the analysis of editing processes and contents of the textbooks .... LIOU, Lin-Yu . .19

Comment on Papers .... TANAKA, Hiroshi . .31

II. Articles

A Study of The Japanese Language Textbooks in the First Year for Taiwanese Students after 1937 .... CHEN, Hung Wen . .38

III. Materials

(Interview)
School Experience of the First Generation Koreans in Japan: In the case of In Ha Lee .... LEE, Sung Jeon / SATO, Yumi . .58

IV. Visiting Reports of the Former Colonies

Investigation of "Houanden"in Taiwan .... SHIRAYANAGI, Hiroyuki . .76

Catalogue of Japanese Rare Book-corrections Published During 1930-1945 in the Library of the School of Oriental and African Studies, University of London .... TANAKA, Hiroshi . .83

V. Book Review

"American Missionaries and the Korean Modernity" by Lee, Sung Jeon .... KOMAGOME, Takeshi . .94

VI. Words

Names of the War .... SAKURAI, Takashi .102

VII. Miscellaneous .... SANO, Michio .108

VIII. A brief history of ten years of the Japanese Society for Historical Studies of Colonial Education

Brief annals of ten years of the Japanese Society for Historical Studies of Colonial Education 115
Index of the Annual reviews of historical studies of colonial education (vol.1~9) 126
'The establishment of the Japanese Society for Historical Studies of Colonial Education and an invitation to participate' 135
'To obtain trust from Asia (OZAWA Yusaku)' 137
History education to live in Asia: A critical statement against *The New Japanese History'*

by the Society for History Textbook Reform 141
Editor's Note 147
Authors 148

＊英文校閲：西尾達雄、宮脇弘幸

植民地教育史研究年報　第10号
Annual Reviews of Historical Studies of Colonial Education vol.10

植民地教育史研究会のこれから
Future directions for the Japanese Society for Historical Studies of Colonial Education

編　集

日本植民地教育史研究会運営委員会（第Ⅳ期）
The Japanese Society for Historical Studies of Colonial Education

　　代　　表：渡部宗助
　　運営委員：井上　薫・岡山陽子・佐藤広美・白柳弘幸
　　　　　　　田中　寛・佐野通夫・西尾達雄・弘谷多喜夫
　　　　　　　宮脇弘幸
　　事務局長：佐野通夫
　　事務局員：上田崇仁・漆畑　充・北川知子・山本一生
　　第10号編集委員会：小黒浩司（委員長）・岡山陽子
　　　　　　　　　　　中田敏夫・西尾達雄・芳賀普子
　　事務局：四国学院大学　佐野通夫研究室
　　〒765-8505　香川県善通寺市文京町3-2-1
　　TEL　0877-62-2111（内）309
　　FAX　0877-62-3932
　　URL http://colonialeducation.web.infoseek.co.jp/
　　E-mail:Michio.Sano@ma4.seikyou.ne.jp
　　郵便振替　00130-9-363885

発行　2008年4月10日
定価　2,000円+税

発行所　株式会社皓星社
〒166-0004　東京都杉並区阿佐谷南1-14-5
TEL 03-5306-2088　FAX 03-5306-4125
URL http://www.libro-koseisha.co.jp/
E-mail:info@libro-koseisha.co.jp
郵便振替　00130-6-24639

装丁　藤林省三
印刷・製本　(有)吉田製本工房

ISBN978-4-7744-0426-4 C3337